기도,
영광스러운
초대

기도, 영광스러운 초대

초판 1쇄 2021년 7월 5일

지은이 오운철
펴낸이 박종태
펴낸곳 비전북
출판등록 2011년 2월 22일(제 96-2011-000038호)

총괄팀장 강한덕
마케팅 박상진, 박다혜, 김경진
관리팀 정문구, 정광석, 박현석, 김신근, 김태영(오퍼)
경영지원 이나리
주소 경기도 고양시 일산서구 송산로 499-10(덕이동)
전화 031-907-3927
팩스 031-905-3927
이메일 visionbooks@daum.net
페이스북 @visionbooks
인스타그램 vision_books_

편집 ARCA
디자인 Design IF
인쇄·제본 공간코퍼레이션

공급처 (주)비전북
전화 031-907-3927
팩스 031-905-3927

잘못된 책은 바꾸어 드립니다.
비전북은 몽당연필, 바이블하우스, 비전C&F와 함께합니다.

당신을 빛나게 할 천국 잔치 청첩장

기도, 영광스러운 초대

오운철 지음

비전북

기도는 놀라운 일입니다. 전능하시고 만왕의 왕이신 하나님께서 우리와 이야기를 나누시려는 초대에 응하는 것이기 때문입니다. 게다가 내가 기도하기도 전에, 하나님께서 먼저 기도의 자리에 나를 초청하셨습니다. 초청하실 뿐 아니라 기도의 영을 주셔서 기도하도록 도우십니다. 영광스러우신 하나님과의 대화에 초대받는 것은 분명히 영광스러운 일입니다. 이 영광은 우리를 두렵게 하지만, 동시에 설레게도 합니다.

두려움과 설렘으로 시작한 나의 기도 생활이 어언 33년이 되었습니다. 예순이 다 되어가는 삶의 길목에서 나의 기도 생활을 기록하고 싶은 마음이 들었습니다. 하나님의 영광스러운 초대에 응하여 꾸준히 기도 생활을 해왔는데, 그 결과가 무엇인지 돌아보고 싶었습니다.

나는 목회자가 되기 전에는 공학도였습니다. 학위를 위한 과정을 지날 때마다 논문을 제출했습니다. 대기업에서 연구원으로 일할 때도 매년 연구 결과 보고서를 제출했습니다. 자신이 연구한 결과를 글로 적는 것은 우선 자신에게 유익할 뿐 아니라 다른 사람의 연구에도 도움을 줍니다. 보고서나 논문은 그 분야에 벽돌 한 장을 얹는 것과 같은 역할을 하기 때문입니다. 다른 사람이 그 연구 결과를 보고, 그것에 기초하여 또 다른 벽돌 한 장을 쌓아갈 수 있습니다.

영적인 세계로 들어와서도 글을 쓰는 습관은 계속되었습니다. 주님과 동행하는 삶을 살기 시작한 지 얼마 후부터, 배운 것을 글로 적어 남기는 일을 계속했습니다. 이번에는 기도의 삶을 정리하고 싶은 마음에서 이 글을 썼습니다.

글을 적어가다 보니, 글은 남에게 보이는 것도 중요하지만, 먼저 자신에게 중요하다는 것을 깨닫게 되었습니다. 나에게 글쓰기를 가르쳐주신 강준민 목사님은 "책을 쓰면 자신을 발견하고, 자신의 상처가 치유받게 됩니다. 책을 쓰면 생각이 명료해집니다"라고 누누이 강조하셨습니다. 정말 그랬습니다. 글을 쓰면서 자신을 더 알게 되고, 생각은 더 명료해졌습니다.

기도에 관한 글을 쓰는 중에, 기도에 관해 더욱 명료해진 아이디어가 몇 가지 생겼습니다. 그것들은 다음과 같습니다.

첫째, 하나님께서 기도하는 자에게 주시는 좋은 것은 남보다 좋은 것이 아니라, '내게 가장 적절한 것'이다. 기도는 나의 삶을 가장 나답고 아름답게 만든다.

둘째, 기도는 사역에서 큰 열매를 맺게 하기보다, '가장 알맞은 사역의 열매'를 맺게 한다. 기도는 나의 사역을 아름답게 만들어준다.

셋째, 성령의 충만은 어떤 특별하고 신비로운 감정의 상태가 아니라, '하나님을 늘 의식하며 살아가는 일상의 상태'이다. 따라서 충만은 내게서 먼 것이 아니라, 이미 내 안에 있다. 믿음의 성장에 따라 충만이 자랄 뿐이다.

넷째, 하나님과 친밀함을 가지는 데는 많은 시간이 필요하다. 그러므로 '꾸준한 기도 습관'이 매우 중요하다.

다섯째, 기도 생활이 깊어갈수록 간구 중심의 기도에서 '감사 중심의 기도'로 변하게 된다.

이와 같이 깨달은 아이디어들이 이 책의 골격을 이루었습니다.

이 책은 크게 세 부분으로 나누어 구성되었습니다.

1부에서는 '기도가 무엇인지' 정의하려 했습니다. 나는 기도를 '영광스러운 초대에 응하는 것'이라고 정의하였습니다.

영광스러운 하나님께서 예수 그리스도로 말미암아 죄 사함의 은혜를 주시고, 우리를 은혜의 보좌 앞에 나아가게 하셨습니다. 그리고 기도를 통한 '영광스러운 교제'에 우리를 초대하셨습니다. 우리가 그 '영광스러운 교제의 초대에 응하는 것'이 기도인 것입니다. 그 초대에 제대로 반응하기 위해, 기도의 최고 교과서인 '주기도문'을 가지고 기도에 대한 여러 가지 원리와 방법을 정리해 보았습니다.

2부에서는 '기도의 실천'을 다루었는데, '습관으로서의 기도'를 실천의 방법으로 강조했습니다. 기도의 실천에서도 마찬가지로, 기도를 '영광스러운 습관'이라고 표현했습니다. 기도가 영광스러운 초대이므로, 기도하는 습관 역시 영광스러운 습관입니다.

나도 때로는 열정적으로 기도하지 못한 적이 있습니다. 그러나 꾸준히 기도하는 습관만큼은 가지려고 노력했습니다. 한참 지난 뒤에, 꾸준함도 열정의 한 표현임을 알고 위로가 많이 되었습니다.

2부에서는 영광스러운 기도의 습관을 익히기 위한 방법으로, 기도의 기본인 'ACTS식 기도'에 대해 한 항목씩 다루었습니다. 1부에서 기도의 정의를 다룰 때 찬양과 자백에 대해 논의했는데, 2부에서는 기도의 형식으로서 감사기도, 중보기도, 간구기도에 대해 적었습니다.

3부에서는 기도를 통해 맺게 되는 '영광스러운 열매'에 대해 적었습니다. 그동안 내가 경험한 기도의 열매들을 간증으로 소개하였습니다. 하나님께서 나의 삶 가운데 개입하셔서, 나의 기도를 통해 하신 일들을 회상한 것입니다.

나는 나름대로 기도에 많은 시간을 투자하는 삶을 살았습니다. 그렇다고 해서 큰 교회의 담임목사가 되거나, 영향력이 큰 선교사가 된 것은 아닙니다. 하지만 하나님은 나의 삶에 많은 변화를 이루셨습니다. 나에게 주신 삶의 범위 안에서 아름다운 열매들을 많이 맺게 해주신 것입니다.

결국 기도는 헛되지 않았습니다. 기도는 내 삶을 풍성하게 해주었습니다. 일상을 충만하게 만들었습니다. 하나님을 더욱 깊이 알게 해주었습니다.

하나님께서는 우리 안에 기도의 영을 주셔서 기도하게 하십니다. 또한 많은 기도의 본과 가르침을 통해서도 기도를 배우게 하십니다.

제게 처음 기도를 가르쳐주시고 기도의 본을 보이셨던 이규원 간사님, 기도를 통해 세계선교를 이루어가는 본을 보이신 변희관 목사님, 기도로 영향력 있는 목회와 저술 사역의 본을 보이신 강준민 목사님께 큰 감사를 드립니다. 또한, 기도의 평생 동역자로서, 내게 늘 힘을 주고 격려해준 사랑하는 아내에게 감사합니다.

부족한 나를 위해 계속해서 중보해주신 모든 분께 깊은 감사를 드립니다. 끝으로, 나의 기도의 작은 유산이 후손과 후배들에게 계속 전수되기를 간절한 마음으로 소원합니다.

LA에서, 오운철

저자는 기도의 사람입니다. 기도를 말하는 사람은 많습니다. 기도를 가르치는 사람도 많습니다. 하지만 기도의 삶을 사는 사람은 적습니다.

저는 저자와 오랜 세월 동안 동역했습니다. 저자는 제자 삼는 사역에 탁월한 분입니다. 또한 섬김을 통해 영향력을 끼치는 훌륭한 지도자입니다.

제가 저자와 동역하면서 저자에게서 발견한 가장 두드러진 영성은 기도 생활이었습니다. 저자는 말씀을 읽는 중에 받은 약속의 말씀을 붙잡고 끈질기게 기도하는 중에 기도 응답을 체험했습니다.

저자는 이 책에서 '기도가 얼마나 영광스러운 초대인가'를 가르쳐줍니다. 기도는 성삼위 하나님의 성스러운 초대입니다. 기도는 정말 신비로운 세계입니다. 기도는 보이지 않지만 우리와 함께 하시는 성삼위 하나님을 만나 교제하는 것입니다.

저자는 기도를 '영광스러운 습관'이라고 표현합니다. 저자의 기도 생활은 거룩한 습관입니다. 예수님을 만난 이후로 지속적이며 끈질긴 기도의 삶을 사는 중에 기도의 습관을 형성한 것입니다.

예수님의 성품을 닮은 영성은 습관의 열매로 나타납니다. 영성을 형성하는 영적 훈련의 핵심도 습관에 있습니다. 습관의 비밀은 지속과 반복입니다. 저자는 기도 생활을 지속하고 반복하는 중에 영광스러운 기도의 습관을 형성했습니다. 저자는 매일 새벽을 깨우며 기도하는 분입니다. 새벽기도회를 마치면 하나님 앞에 엎드려 1-2시간씩 깊이 기도하는 분입니다.

저자는 기도 응답에 확신을 가지고 기도를 드리는 분입니다. 기도 응답에 확신을 가지고 있다는 사실을 알 수 있는 것은 저자의 기도 일기를 통해서입니다. 저자는 기도한 내용을 일기에 적고, 기도가 언제 어떻게 응답되는지 거룩한 기대를 가지고 기도합니다. 기도가 응답될 때 감사함으로 하나님께 영광 돌리는 삶을 살아 왔습니다.

저자는 기도가 '영광스러운 열매'를 맺는 비결이라고 말합니다. 저자는 지속적이고 끈질긴 기도를 드리는 중에 아름다운 성품의 열매를 맺는 경험을 했습니다.

이 책은 기도에 관한 성경적인 기초 위에 자신의 경험을 나누기 위해 쓴 책입니다. 또한 저자는 기도에 관한 책들을 읽는 중에 깨달은 내용을 이 책에 함께 담았습니다.

우리가 아는 것처럼, 성경에 근거하지 않는 경험과 간증은 때로 위험합니다. 또한 소중한 지식을 담았다고 할지라고 그 지식을 살아낸 경험이 없다면 감동을 줄 수 없습니다. 이 책은 저자의 탄탄한 성경적 기초와 기도 경험의 열매입니다. 그런 까닭에 우리에게 감동과 울림을 줍니다.

저자는 우리를 하나님께 이끌어 기도의 사람이 되게 합니다. 기도는 누구나 언제나 할 수 있지만, 기도하는 것은 쉽지 않습니다. 그 이유는 기도가 영적 전쟁이기 때문입니다.

사탄은 우리가 기도하는 것을 가장 싫어합니다. 모든 수단을 동원해서 기도를 방해합니다. 또한 기도를 하더라도 지속하지 못하게 만듭니다. 무엇이든 지속하기 위해서는 동기를 부여받아야 합니다. 기도의 동기와 자극을 지속적으로 받는 길은, 성경을 기초해서 쓴 기도에 관한 책을 읽는 것입니다.

저는 이 책을 기도의 동기를 부여받기 원하는 분들에게 추천하고 싶습니다. 성경적 기도, 올바른 기도를 드리기 원하는 분들에게 추천하고 싶습니다. 성스러운 기도의 습관을 형성하고 싶은 분들에게 추천하고 싶습니다. 기도를 통해 영광스러운 열매를 맺기를 원하는 분들에게 추천하고 싶습니다.

강준민, LA 새생명비전교회

차례

너희는 내 얼굴을 찾으라 하실 때에 내가 마음으로
주께 말하되 여호와여 내가 주의 얼굴을 찾으리이다
하였나이다 _시 27:8

영광스러운 초대

기도는 하나님의 영광스러운 초대에 응하는 것입니다.
영광의 하나님을 방문하는 영광스러운 일입니다.
하나님의 영광을 받아 누리는 일입니다.

기도는 영광스러운 초대에
응하는 일이다

만왕의 왕이신 하나님께서 우리를 초대하셨습니다. 그 영광스러운 초대에 응하는 행동이 기도의 자리로 나아가는 일입니다 (시 27:7). 영광의 하나님의 식탁 초대에 응하여, 하나님과 더불어 교제를 나누는 것입니다(계 3:20). 하나님은 언제 어디서나, 우리를 그 영광스러운 자리로 초대하십니다. 그 하나님은 하늘에 계신 우리 아버지이십니다.

하늘에 계신 우리 아버지여 _마 6:9

기도는 하늘에 계신 영광스러우신 하나님 아버지를 방문하는 것입니다. 하지만 하나님은 하늘에 계시기 때문에, 우리가 육신으로서는 직접 가서 만날 수 없습니다. 그래서 우리는 기도로 하나님을 방문합니다. 우리로서는 가장 위대하며 영광스러운 방문입니다.

기도는 우리의 아버지이신 하나님과의 대화입니다. 기도할 때 우리는 하나님을 우리의 음성으로 "아버지여!"라고 부릅니다. 하나님 아버지를 찾아가 말씀을 듣고, 그 말씀에 반응하여 하나님 아버지에게 말하는 것입니다.

하나님은 우리와 기도로 대화할 때, 우리가 하나님을 부르는 우리의 음성을 듣기를 기뻐하십니다. 자녀가 자신을 부르는 소리를 듣기를 매우 원하시고, 또 기뻐하시는 것입니다. 마치 아이가 엄마와 아빠를 부르며 찾을 때, 엄마와 아빠가 기뻐하는 것과 같습니다. 하나님은 하늘에 계시지만, 우리가 이 땅에서 내는 기도의 소리를 빠짐없이 다 들으십니다.

우리의 기도를 들으시는
하나님 아버지는 누구이신가?

우리의 기도를 다 들으시는 하나님은 어떤 분이십니까? 하나님은 하늘과 땅을 창조한 창조주이시며, 모든 만물을 주관하고 다스리시는 분이십니다. 모든 별의 운행을 주관하시고, 모든 원자와 전자 세계의 법칙을 만들고 주관하는 분이십니다.

하나님은 인류의 역사를 주관하십니다. 나라들을 세우시고, 흥하게도 하시고, 쇠하게도 하시며, 멸하기도 하십니다. 왕들을 세우기도 하시고, 폐하기도 하십니다. 하나님은 모든 인생의 과거와 현재와 미래를 아십니다. 70억 인구 하나하나의 인생을 아시고 주관하십니다. 그런 분이 우리의 기도를 들으십니다. 그런 분이 우리의 기도를 기뻐하십니다.

우리의 기도를 들으시는 분이 이런 하나님이십니다. 높은 곳에 계신 전능하신 하나님이 우리의 아버지, 나의 아버지이십니다. 가끔 만나는 아저씨가 아닙니다. 수업 시간에 만나는 선생님이 아닙니다. 일터에서 만나는 사장님도 아닙니다. 하늘에 계신 하나님은 매일 나와 함께 살아가는 아버지이십니다. 나의 모든 것을 아시는 아버지이십니다. 매일 식탁에서 함께 밥을 먹고, 이야기를 나누시는 바로 그 아버지이십니다. 내가 아플 때 밤잠을 못 이루며 돌보시는 분이십니다. 내가 실패와 어두움의 터널을 지날 때, 조용히 나를 위해 눈물 흘리시는 분이십니다.

하나님은 우리와 함께 여행하시며, 지난 일들을 자세히 이야기해주는 분이십니다. 언제든 우리의 필요를 채우시고, 우리의 성장을 돕는 분이십니다. 때로는 우리를 훈계해서 바른 삶으로 인도하십니다. 우리의 최선을 바라시고, 최선이 되도록 돕는 분이십니다. 우리가 부를 때, 우리를 돕기 위하여 언제든지 달려오시는 아버지이십니다.

하나님은 위대하십니다. 그런데, 하나님은 천지를 만드셔서 위대하시기보다, 모든 자녀의 기도를 낱낱이 들으시고 응답하시는 아버지이시므로 더욱 위대하십니다.

하나님의 귀에는 엄청나게 큰 확성기의 기능이 있습니다. 그래서 아무리 작은 소리도 들으실 수 있습니다. 하나님은 우리가 탄식 속에서 부르짖는 작은 신음도 들으십니다. 우리가 마음으로 하는 기도도 들으십니다. 일하다가 생각나서 하는, 쏜살같은 화살기도도 들으십니다. 기도할 기력조차 없어서, 기도노트를 쳐다보며 눈으로 읽는 기도마저 들으십니다. 기도는 이토록 전능하신 아버지를 만나는 것입니다.

기도는 또한 하나님의 얼굴을 보는 것입니다. 전능하신 아버지와 대화하는 것인데, 마치 식탁에서 아빠와 대화하듯이, 편하게 하나님을 대하는 것입니다. 우리는 기도의 대화 중에 그분의 음성을 듣습니다. 또한 나의 이야기도 합니다. 그래서 자주 만나면 만날수록 아버지를 더 깊이 알 수 있습니다. 그분의 생각을 알고, 성품을 알고, 그분의 일하심을 더 깊이 알게 됩니다.

우리가 기도로 하나님과 더불어 나누는 이야기 속에는 아버지에 대한 칭찬이 있습니다. 아버지가 베풀어주신 은혜에 대한 감사가 있습니다. 우리의 잘못에 대한 고백도 있습니다. 또한 나의 필요를 말합니다. 나의 동료의 필요도 말합니다.

우리는 이런 하나님 아버지를 기도를 통해 방문합니다.

하나님을 자주 방문하십시오

하나님을 찾는다고 말할 때의 '찾는다'(시 34:10)라는 히브리어 '다라쉬'의 의미는 '자주 방문한다'입니다. 하나님을 찾는다는 말이 반복적인 방문을 의미하는 것입니다. 어쩌다 한 번 만나는 것처럼, 가끔 기도하는 것을 기도한다고 말하지 않습니다. 기도가 생활화되었을 때, 자주 방문하듯 자주 기도할 때, 우리는 기도한다고 말할 수 있습니다. 그래서 만나면 만날수록, 다시 말해 기도하면 기도할수록 그분으로부터 영향을 받습니다. 그분을 더 닮아갑니다.

창조주와 만나고, 그분을 닮아가는 것은 인간으로서 최고의 특권입니다. 사람이 살아있을 때만 만나는 것이 아닙니다. 죽어서도 영원히 하나님을 만납니다. 살아 있는 오늘, 기도를 통해 하나님을 만나는 것은 영원한 만남의 일부가 됩니다. 그러므로 이보다 더 중요한 만남은 없습니다. 기도는 그만큼 중요합니다.

하나님을 자주 찾아 방문하는 사람에게 하나님은 좋은 것을 주십니다. 다윗은 하나님께서 자신을 찾는 자에게 모든 좋은 것에 부족함이 없게 하신다고 노래했습니다.

젊은 사자는 궁핍하여 주릴지라도 여호와를 찾는 자는 모든 좋은 것에 부족함이 없으리로다 _시 34:10

기도는 최고의 것으로 가득한 하늘나라의 무한한 창고를 여는 열쇠입니다. 그래서 E. M. 바운즈는 "하나님의 거대한 창고를 여는 열쇠가 기도다"라고 말했습니다. 찰스 스펄전도 "기도는 황금열쇠이다"라고 말했습니다. 하늘 문을 여는 황금열쇠라는 뜻입니다. 하늘의 신령한 복이 기도를 통해 내려옵니다. 땅의 기름진 것들도 기도를 통해 내려옵니다.

세상의 악한 아버지도 아들에게 좋은 것을 줍니다. 하물며 하늘에 계신 능력 많으시고 선하신 하나님께서 자녀들 각자에게 맞는 최고의 것을 당연히 주지 않으시겠습니까? 그것은 내게 남보다 더 좋은 것을 주신다는 의미가 아니라, 나에게 가장 알맞고 좋은 것을 주신다는 뜻입니다. 좋은 것일수록, 자녀에게는 많은 기도와 인내를 요구하십니다. 주의 자녀에게, 영광은 고난과 함께 주시는 것입니다.

기도하면 하나님께서 개입하십니다. 그래서 기도는 분명한 차이를 만듭니다. 하나님의 개입하심으로 역전을 이루게 합니다. 하나님이 개입하시면 한순간에 모든 것이 역전됩니다. 영광스러운 승리를 주십니다. 우리 인생이라는 드라마 속에 승리라는 결말이 오도록, 하나님이 개입하시도록 초청하는 것이 기도입니다.[1] 기도하면 하나님께서 개입하셔서 우리 각자에게 최선의 것을 만들어주십니다. 심지어 우리를 하나님의 영광이 되게 하십니다. 하나님의 탁월하심이 우리에게 나타나게 하시는 것입니다.

하나님의 영광은 탁월함뿐 아니라, 풍성함과 함께 나타납니다. 하나님께서 개입하셔서 만든 작품들은 탁월하고 풍성합니다. 생명이 길고, 보는 이에게 아름답고 기쁨을 줍니다. 오래오래 그분의 아름다움을 찬양하게 합니다. 그러므로 인간의 노

---

1 강준민, 난관을 돌파하는 기도, 두란노, p. 266.

력과 하나님의 역사는 비교할 수 없습니다.

기도는 하나님 아버지의 아름다움을 경험하게 합니다(시 27:4). 기도 속에서 만나는 하나님은 특히 아름답습니다. 그래서 기도는 하나님의 아름다움을 사모하는 것이기도 합니다. 우리는 기도로 하나님의 아름다움을 볼 수 있지만, 기도의 응답을 통해 그분의 아름다움을 실제로 경험할 수 있습니다. 그분의 아름다운 지혜와 아름다운 솜씨를 직접 경험합니다.

우리는 특히 말씀을 묵상하며 기도할 때, 그분의 아름다움을 경험할 수 있습니다. 하나님의 말씀 속에서 우리에게 발견되는 하나님이 아름다운 분이시기 때문입니다.

다윗은 고난 속에서 깨닫게 된 말씀을 통해, 그리고 그 말씀이 기도를 통해 역사하는 것을 보면서 그분의 아름다움을 경험할 수 있었습니다. 그래서 그는 하나님 앞에 한 가지를 구하라고 한다면, 하나님의 성전에서 하나님의 아름다움을 앙망하는 것을 구하겠다고 했습니다. 그것은 그에게 예배이자 곧 기도였습니다.

그는 역전의 승리를 경험케 하시는 하나님을 보면서 하나님의 아름다움을 경험할 수 있었습니다. 그래서 그는 어려서부터 이런 결단을 했습니다. 자신의 기도 소리를 들으시는 하나님을 믿기에, 아침 첫 시간에 기도하겠다고 결심한 것입니다.

그리고 실천했습니다.

> 여호와여 아침에 주께서 나의 소리를 들으시리니 아침에 내가
> 주께 기도하고 바라리이다 _시 5:3

기도는 하나님께서 시작하신 일이다

"기도는 하나님의 행위입니다." 이 말이 이상하지 않습니까? 기도는 분명 우리의 행위인데, 어떻게 이것이 하나님의 행위가 됩니까? 하나님이 우리 안에서 기도를 시작하게 하시기 때문입니다. 하나님께서 우리 안에서 시작하신 일이고, 하나님께서 우리 안에서 기도하도록 이끌어 가시기 때문입니다.

사람 안에 심령을 지으신 분이 하나님이십니다. 그 심령 속에 하나님께서 '은총과 간구하는 심령'을 부어주십니다(슥 12:1). 하나님이 우리 마음에 기도하는 영을 부어주셔서 기도하게 하시는 것입니다. 먼저 하나님께서 성령을 통해, 주님 보시기에 선한 일들을 우리 안에서 시작하십니다(빌 2:13). 그러므로 우리가 기도하면, 우리는 하나님의 행위에 동참하는 것입니다.

기도는 우리를 은혜받는 자리로 인도합니다(히 4:16). 그런 의미에서 기도가 곧 은혜의 선물입니다. 한편, 기도는 먼저 은혜가 있어야 할 수 있는 행위이기도 합니다. 하나님께서 기도할 수 있는 은혜를 주셨기 때문에 우리가 기도하는 것입니다. 은혜가 있어야 기도하게 되고, 기도하기에 은혜가 있습니다. 우리는 그 은혜를 붙잡고 기도합니다. 이 은혜는 예수 그리스도를 통해 왔습니다.

우리는 기도로 하나님을 만납니다. 구약성경에서는 하나님을 만나는 거룩한 장소를 지성소라고 불렀습니다. 하나님이 이스라엘 백성을 만나주시는 장소가 천막으로 만든 성전의 한가운데, 바로 지성소였던 것입니다. 구약 시대에는 대제사장만이 그 지성소에 들어갈 수 있었습니다. 자신의 죄와 백성의 죄를 속함 받기 위해, 일 년에 한 차례, 대속죄일에만 지성소에 들어가 하나님을 대면할 수 있었습니다.

오직 둘째 장막은 대제사장이 홀로 일 년에 한 번 들어가되 자기와 백성의 허물을 위하여 드리는 피 없이는 아니하나니 _히 9:7

그런데 예수 그리스도께서 운명하시던 순간, 성소와 지성소를 가르던 휘장이 둘로 찢어졌습니다(막 15:37,38). 그 이후, 예수 그리스도의 피로 죄를 용서받은 모든 사람은 언제 어디서든 은혜의 보좌로 담대히 나아갈 수 있게 되었습니다. 제사장 없이도 하나님과 교제할 수 있게 되었습니다. 직접 기도할 수 있게 된 것입니다.

물론 구약 시대에도 동일하게 하나님의 이름을 힘입어 주님 앞에 나아갈 수는 있었습니다. 그러나 구약 시대에는 복음의 지식이 없었기 때문에, 이 지식을 소유한 소수의 선택된 사람만이 하나님 앞에 나아가 기도할 수 있었습니다. 그들이 선지자 또는 제사장이었습니다. 하지만 지금은 그리스도 안에 있는 모든 사람이 주님 앞에 나아갈 수 있게 되었습니다. 이것이 예수님께서 십자가에서 죽으신 이유와 목적입니다.

> 너희를 불러 그의 아들 예수 그리스도 우리 주와 더불어 교제하게 하시는 하나님은 미쁘시도다 _고전 1:9

이제는 누구나 그리스도 안에서 기도할 수 있습니다. 기도로 은혜의 보좌 앞에 나아갈 수 있습니다. 기도로 가장 위대하고 아름다운 분을 방문할 수 있습니다. 누구나 이 아름다운 방문을 할 수 있습니다. 십자가를 통해 은혜로 구원받은 우리가 그 영광스러운 초대에 응할 수 있습니다. 그래서 기도가 영광스러운 은혜의 초대라는 것입니다.

스펄전은 성도에게 기도라는 영광스러운 초대에 응할 것을 촉구하면서, 기도에 유창해질 것을 이렇게 권면했습니다.

성도가 끈질기게 기도로 무릎을 꿇을 때 모든 사단의 궤계는 정복당한다. 사랑하는 형제들이여, 함께 기도하자. 우리가 모두 변론가일 순 없지만, 우리 모두 기도자가 될 수는 있다. 우리가 모두 리더는 될 수 없지만, 우리는 모두 기도의 사람이 될 수는 있다. 우리가 모두 유창할 수는 없지만, 우리는 모두 기도에 뛰어날 수 있다. 나는 여러분이 사람들에게 유창하기보다, 하나님께 유창할 수 있기를 바란다.

기도는 하나님의 이름을
영화롭게 한다

하나님은 찬양받기에 합당하십니다. 찬양은 하나님께서 하나
님의 백성을 창조하신 목적입니다(사 43:21). 또한 하나님께서
하나님의 자녀들을 구원하신 목적입니다(엡 1:6).

> 이 백성은 내가 나를 위하여 지었나니 나를 찬송하게 하려 함이
> 니라 _사 43:21

> 이는 그가 사랑하시는 자 안에서 우리에게 거저 주시는 바 그의
> 은혜의 영광을 찬송하게 하려는 것이라 _엡 1:6

기도의 가장 중요한 목적은 하나님을 찬양하는 것이기도 합니다. 하나님의 자녀가 하나님을 찬양하는 방법 중 하나가 기도인 것입니다. 마태복음에 기록된 주기도문은 우리가 기도할 때 찬양으로 시작해야 하고, 찬양으로 마칠 것을 보여줍니다.

… 이름이 거룩히 여김을 받으시오며 _마 6:9

… 나라와 권세와 영광이 아버지께 영원히 있사옵나이다 _마 6:13

주기도문의 이 기도들의 내용은 기도의 첫머리와 마지막이 찬양이어야 함을 암시해줍니다. 하나님의 이름을 영화롭게 찬양하라는 것입니다. "하나님의 이름이 거룩하십니다"라는 기도는 "하나님의 이름은 거룩히 여김을 받기에 합당한 이름입니다"라고 찬양하는 것입니다. 또한 "나라와 권세와 영광이 아버지께 영원히 있사옵나이다"라는 기도는 하나님의 통치와 권세와 영광과 영원하심을 찬양하는 것입니다. 하나님을 찬양하는 기도를 '찬양기도'라고 하는데, 주기도문의 이 기도는 찬양기도의 본을 보여줍니다.

역대상 29장 11-13절은 다윗이 드린 대표적 찬양기도입니다. 하나님의 위대하심, 권능, 영광, 승리, 위엄, 그리고 주권이 주께 속하였음을 노래합니다. 부와 존귀, 권세와 능력, 사람을 크게 하심과 강하게 하심이 주의 손에 있다는 것입니다. 주께서 높으셔서 만물의 머리 되심을 찬양한 것입니다.

> 11여호와여 위대하심과 권능과 영광과 승리와 위엄이 다 주께 속하였사오니 천지에 있는 것이 다 주의 것이로소이다 여호와여 주권도 주께 속하였사오니 주는 높으사 만물의 머리이심이니이다 12부와 귀가 주께로 말미암고 또 주는 만물의 주재가 되사 손에 권세와 능력이 있사오니 모든 사람을 크게 하심과 강하게 하심이 주의 손에 있나이다 13우리 하나님이여 이제 우리가 주께 감사하오며 주의 영화로운 이름을 찬양하나이다 _대상 29:11-13

하나님께 영광을 돌리며
하나님을 자랑하는 것이다

찬양은 하나님께 영광을 돌리는 것입니다. 찬송이라는 히브리어 단어는 '테힐라'인데 이는 찬양, 감사, 영광이라는 의미를 담고 있습니다. 이사야서 43장 21절에서 "찬송이 되게 하려

함이니라"라는 말은 '영광이 되게 하려 함이니라' 또는 '하나님께 영광 돌리게 하려 함이라'로 해석될 수 있습니다. 이 단어의 동사형이 우리가 잘 아는 '할렐루야'의 '할렐'(halal)이며, 그 뜻은 '자랑한다'입니다. 즉, 하나님을 자랑하는 것입니다.

우리가 하나님을 자랑할 때 하나님께서 영광을 받으십니다. 우리가 삶과 언어로 하나님께 영광을 돌리는 것이 우리 삶의 목적입니다. 우리가 말과 노래로써 하나님을 찬양하는 것이 하나님께 영광이 되는 것입니다. 우리는 하나님을 찬양하기 위해 태어났고, 하나님을 찬양하기 위해 구원받았습니다. 우리는 찬양을 위해 살아갑니다. 찬양이 우리 삶의 목적입니다.

하나님의 사람들은 하나님께서 주신 승리를 경험한 후에 찬양으로 영광을 돌렸습니다. 모세와 이스라엘은 애굽에서 나왔을 때 "하나님은 나의 힘이요 노래이시며 구원이시며 용사이시라"라고 찬양했습니다(출 15:1-20). 한나는 기도하여 사무엘을 얻은 후에 "하나님은 지식의 하나님이시라 행동을 달아 보시는 분이시라"라고 찬양했습니다(삼상 2:1-10). 다윗은 통일 이스라엘의 왕이 되고 언약궤를 다윗성에 모신 후에, 하나님께서 다윗에게 약속하신 것을 이루신 성실하심을 찬양했습니다(삼하 7:18-29).

그런즉 주 여호와여 주는 위대하시니 이는 우리 귀로 들은 대로는 주와 같은 이가 없고 주 외에는 신이 없음이니이다 _삼하 7:22

하나님의 사람들은 승리한 후에만 찬양한 것이 아니라, 고난 중에도 찬양함으로써 승리를 경험했습니다. 바울과 실라는 깊은 옥중에서 발이 사슬에 묶인 채 하나님께 기도하고 찬송했습니다(행 16:24-34). 이때 옥터가 흔들리고 옥문이 열렸습니다. 바울은 이것을 보고 놀란 간수와 그 가족에게 복음을 전하여 구원을 얻게 했습니다. 그들이 루디아와 함께 빌립보 교회를 세우는 기적이 일어났습니다. 하나님께서는 우리에게 승리를 주셔서 찬양하게 하심과 동시에, 고난 중에도 찬양하게 하시고, 결국 승리를 주셔서 영광을 받으십니다.

하나님의 이름을 기억하고
거룩하게 여기라

찬양은 하나님이 어떠한 분이신지를 인정해드리는 것입니다. 하나님의 성품과 하신 일을 높여드리는 것입니다. 그것은 하나님의 이름을 통해 표현됩니다. 그런 뜻에서 찬양은 하나님의 이름을 거룩하게 여기는 것입니다. 하나님의 이름 속에 하나님의 속성이 들어 있어서, 하나님의 이름을 알고서 부르는 것은 하나님을 존귀하게 여기는 것입니다.

성경에는 하나님의 이름이 많이 나옵니다. 우리가 그 이름들을 기억함으로 하나님을 거룩하게 여길 수 있습니다. 그 이름들은 이렇습니다. 엘로힘(창조주 하나님), 엘 엘리온(지극히 높으신 하나님), 엘 로이(감찰하시는 하나님), 엘 샤다이(전능하신 하나님), 엘 올람(영생하시는 하나님), 엘 칸나(질투하시는 하나님), 여호와(스스로 계시는 하나님), 여호와 이레(준비해주시는 하나님), 여호와 라파(치료의 하나님), 여호와 닛시(승리의 깃발이 되시는 하나님), 여호와 카데쉬(거룩하게 하시는 하나님), 여호와 샬롬(평강의 하나님), 여호와 체바오트(만군의 주 하나님), 여호와 로이(목자가 되시는 하나님), 여호와 멜렉(왕이신 하나님), 여호와 칫케누(우리의 의가 되시는 하나님), 여호와 삼마(거기에 계신 하나님), 아도나이(주가 되시는 하나님) 등입니다. 찬양은 하나님의 이름을 증언하고, 하나님을 영화롭게 합니다.

예수 그리스도의 이름을 통하여서도 하나님 아버지의 이름을 거룩하게 하고 영화롭게 할 수 있습니다. 우리가 예수 그리스도의 이름으로 기도하면 우리에게 응답을 주십니다. 우리가 하나님의 응답을 받고 그 응답에 감사할 때, 하나님의 이름을 영화롭게 만드는 것입니다.

> 너희가 내 이름으로 무엇을 구하든지 내가 행하리니 이는 아버
> 지로 하여금 아들로 말미암아 영광을 받으시게 하려 함이라
>
> _요 14:13

그런 의미에서 감사가 또한 하나님을 찬양하는 것입니다. 히브리서 기자는 히브리서 13장 15절에서 "그러므로 우리는 예수로 말미암아 항상 찬송의 제사를 하나님께 드리자 이는 그 이름을 증언하는 입술의 열매니라"라고 말합니다. 여기에서 찬송이라는 헬라어 단어 '아이네시스'는 찬양이라는 의미와 함께 '감사제'라는 의미가 있습니다. 찬송에 해당하는 히브리어 단어 '테헬라'(사 43:21)의 의미도 찬양과 경배, 그리고 감사를 포함합니다. 신구약 성경 모두 찬송은 감사의 의미를 포함합니다. 감사를 표현하는 히브리어 '야다'(시 136:1)도 감사와 함께 찬양의 의미를 함께 담고 있습니다. 유대인들은 감사와 찬양을 같은 의미로 사용한 것으로 보입니다. 찬양과 감사는 구별되면서도 그 경계가 뚜렷하지 않습니다. 그 의미가 많이 겹칩니다. 어쨌든 하나님께서 하신 일에 대한 감사는 하나님 그분을 높이고, 자랑하고, 찬양하는 것이 됩니다.

감사는 하나님께서 하신 일에
반응하는 것이다

찬양은 성도가 항상 해야 하는 덕목입니다. 하나님을 높이는 찬양은 성도에게 일상의 실천이 되어야 합니다. 히브리서 기자는 "항상 찬송의 제사를 드리자"(히 13:15)라고 권면하고 있습니다. 항상 찬송의 기도를 드리는 것은 항상 기뻐하고, 쉬지 말고 기도하고, 범사에 감사하라는 말씀(살전 5:16-18)과 함께, 우리가 적용해야 하는 하나님의 간절한 뜻입니다.

하나님은 자신을 높이는 자를 높여주십니다. 하나님은 하나님의 이름을 존귀하게 하는 자의 이름을 존귀하게 하십니다(삼상 2:30). 찬양하는 백성의 뿔을 높여 주신다는 말씀이 그런 뜻입니다(시 148:14). 찬양함으로 하나님을 경외하는 자의 가정에는 복을 주시고, 풍성한 공급과 평강을 약속하시며, 하나님 약속의 말씀이 속히 달려서 역사하게 하십니다(시 147:11-15).

11여호와는 자기를 경외하는 자들과 그의 인자하심을 바라는 자들을 기뻐하시는도다 12예루살렘아 여호와를 찬송할지어다 시온아 네 하나님을 찬양할지어다 13그가 네 문빗장을 견고히 하시고 네 가운데에 있는 너의 자녀들에게 복을 주셨으며 14네 경

내를 평안하게 하시고 아름다운 밀로 너를 배불리시며 15그의
명령을 땅에 보내시니 그의 말씀이 속히 달리는도다

_시 147:11-15

이런 찬양을 잘하려면 어떻게 해야 할까요? 말씀을 듣고, 읽
고, 공부하고, 암송하고, 묵상하는 것이 중요합니다. 특히 나는
아침에 묵상하거나 암송한 말씀으로 기도합니다. 말씀 속에
나타난 하나님을 묵상하며 찬양기도를 올려 드리는 것입니다.
때로는 암송한 말씀을 가지고 찬양기도를 드립니다. 그럴 때
찬양의 내용이 풍성해집니다. 때로는 곡조 있는 기도인 찬송
가를 부르며 하나님을 찬양합니다.

찬양기도는 하나님께 드리는 경배이자 예배입니다. 이렇게
찬양을 통해 기도하면 할수록 하나님을 찬양하고 감사하는 비
중이 커짐을 알 수 있습니다. 하나님을 찬양할 때, 우리의 마음
이 하나님으로 풍성해집니다. 충만을 경험하게 됩니다.

기도는 영광스러운
천국의 열쇠이다

예수님께서 가르쳐주신 주기도문에서 첫 번째 간구는 하나님의 나라가 이 땅에, 그리고 우리 안에 임하기를 구하는 것입니다. 간구의 제목 중에 가장 중요하기 때문에 그렇게 기도하라고 하셨을 것입니다.

나라가 임하시오며 _마 9:10

그런데 그 나라는 우리에게 어떻게 임할 수 있을까요? 기도를 통해 임할 수 있습니다. 기도가 우리에겐 하나님 나라의 열쇠이기 때문입니다. 기도가 바로 하나님 나라의 문을 열고, 하나님 나라를 우리 안에 임하게 하는 열쇠인 것입니다. 우리의 기도로 하나님 나라의 문이 열리기도, 닫히기도 한다는 말씀입니다(마 16:19). 우리가 이 땅에서 기도하면 그 기도가 하늘로 올려지고, 하나님께서 그 기도를 들으시고 역사하십니다.

> 내가 천국 열쇠를 네게 주리니 네가 땅에서 무엇이든지 매면 하늘에서도 매일 것이요 네가 땅에서 무엇이든지 풀면 하늘에서도 풀리리라 하시고 _마 16:19

하나님 나라는 예수님으로 말미암아 이 땅에 임하게 되었습니다. 예수님의 십자가 보혈로 우리 죄가 사해짐으로 하나님 나라가 임할 수 있는 길이 열렸습니다.

천국의 첫 번째 열쇠

하나님의 나라가 우리 안에 임하게 되는 첫 번째 열쇠는 우리의 회개기도입니다. 세례요한도 회개를 촉구했습니다.

> 회개하라 천국이 가까이 왔느니라 하였으니 _마 3:2

우리가 회개하고 예수님을 영접하면 하나님의 나라는 우리 안에 임하게 됩니다(눅 17:20,21).

강준민 목사님은 이렇게 말했습니다.

기도는 천국 열쇠입니다. 기도의 열쇠를 통해 하늘이 열립니다. 매인 것이 풀리고, 닫힌 문이 열립니다. 죽은 자가 살아나고, 병든 자가 고침을 받습니다. 난관을 돌파하게 됩니다.[2]

하나님의 나라가 임했다는 말은 하나님의 통치가 우리에게 임했다는 것을 의미합니다. 하나님 나라가 우리 안에 임하게 되면 하나님의 통치가 우리 안에 일어나게 됩니다. 거꾸로 말하면, 우리가 하나님의 통치에 순종하면 하나님의 나라가 계속 우리 안에 머물게 됩니다. 그 결과 하나님의 나라를 경험하며 살게 되는 것입니다. 그러나 우리가 만일 불순종하면, 우리가 비록 하나님께서 택하신 하나님 나라의 시민일지라도, 하나님 나라를 경험할 수 없습니다.

하나님께서 우리를 다스리시면 우리의 삶 속에 성령으로 말미암는, 하나님 보시기에 올바른 삶(의)과 평강과 기쁨이 넘치

---

2 강준민, 주기도문은 하나님의 마음입니다, 두란노, p. 7.

게 됩니다(롬 14:17). 이 하나님의 나라는 기도로 시작되고 기도로 지속됩니다.

우리는 이 땅을 살 때, 때로는 시련을 겪고, 때로는 유혹에 빠져 잘못된 길로 가기도 합니다. 심한 눌림과 고통의 어두운 터널을 통과할 때도 있습니다. 이때 기도는 우리가 어둠의 세력이라는 세상의 터널을 벗어나 하나님의 통치 속으로 들어가게 합니다.

존 번연의 〈천로역정〉을 보면 '크리스천'이 '소망'과 순례를 하다가 샛길로 잘못 들어섭니다. 그리고 '의심의 성'에 들어가 '절망의 거인'과 '의혹의 부인'으로부터 계속해서 자살의 압력을 받고 괴로워합니다.

어느 날 밤중에, 둘은 밤새워 기도하게 됩니다. 기도하던 크리스천은 자신의 품 안에 '약속'이라는 열쇠가 있음을 깨닫습니다. 그 열쇠는 어떤 의심의 자물쇠도 열 수 있는 것이었습니다. 결국 그 열쇠로 '의심의 성'을 탈출하여 '기쁨의 산'에 오르게 됩니다. 이것은 기도를 통해 약속의 말씀을 깨달음으로 모든 의심을 깨치고 어두움을 벗어난다는 비유의 이야기입니다.[3] 이처럼 기도는 우리가 세상 나라의 압력을 뚫고 하나님의

---

3 존 번연, 천로역정, 기독교문서선교회, pp. 122-129.

나라로 들어가게 합니다.

하나님의 뜻을 분별하는 법

하나님의 통치는 하나님의 놀라운 지혜에 의해 이루어집니다. 온 우주 만물을 다스리시는 하나님께서 또한 지극히 작은 원자와 전자의 세계를 주관하십니다.

하나님은 모든 나라의 역사와 정치를 주관하시며, 또한 교회를 다스리십니다. 하나님은 나의 삶을 주관하시고, 나의 삶에 섭리하십니다. 하나님의 통치는 하나님 말씀의 원리에 부합하여 이루어집니다. 그것은 예수 그리스도의 말씀과 삶 속에 담겨 있습니다.

하나님의 통치의 뜻을 분별하게 하는 것이 바로 기도입니다. 하나님의 통치는 성령님을 통해 이루어집니다. 성령님은 하나님의 깊은 것이라도 통달하시기 때문에 그 뜻을 분별하게 하십니다(고전 2:10). 기도는 그 뜻에 순종할 수 있는 능력을 공급합니다. 그래서 기도는 우리를 하나님의 통치 속에 머물러 살게 합니다. 우리 안에 있는 여러 삶의 영역들을 하나님께 내어드리게 합니다. 하나님의 주재권 안에 우리를 내려놓고 맡기게 하는 것입니다.

기도는 하나님께서 우리의 내면과 삶의 모든 영역을 다스리시게 합니다. 기도를 통해 하나님께서 우리의 삶을 다스리실 때, 비로소 우리 안에 생명이 약동하게 됩니다. 그 생명이 자라게 되고 풍성히 열매를 맺게 됩니다.

기도는 하나님 나라의 풍성함 속으로 들어가게 하는 열쇠입니다. 하나님께서 다스리시면 어둠이 물러가고 빛이 찾아옵니다. 미움, 악함, 꾀, 더러움, 탐심, 방탕, 시기와 질투가 물러갑니다. 그 대신 사랑, 희락, 화평, 오래참음, 자비, 양선, 충성, 온유, 절제가 찾아옵니다. 세상의 지혜는 물러가고, 하나님의 지혜가 임하게 됩니다. 세상의 철학이 아니라 하나님의 말씀이 우리 삶을 다스리게 됩니다.

하나님의 다스림 속에는 부흥과 번성함의 축복이 있습니다. 개인의 삶이 풍성해집니다. 가정에 회복과 부흥이 임하게 됩니다. 또한 교회가 부흥하게 됩니다. 영혼 구원과 제자 삼는 일이 번성하게 됩니다. 충만한 복이 교회의 선교를 통해 열방으로 흘러갑니다. 국가와 지역마다 번성하게 됩니다. 그러므로 기도가 풍성한 곳에는 부흥이 찾아옵니다. 그래서 E. M. 바운즈가 "하나님의 거대한 창고를 여는 열쇠가 기도다"라고 말한 것입니다.

하나님 나라의 풍성함을
경험하는 황금열쇠

나는 30년 이상의 지속적인 기도 생활을 통해 하나님의 다스
리심의 역사를 풍성하게 경험했습니다. 불면과 우울증으로 어
둠 속에 살던 내가 평강과 기쁨 가운데에서 살게 되었습니다.
그 생명은 계속해서 자라고 열매를 맺게 되었습니다.

기도를 통해, 내가 연구하는 일에서도 하나님의 탁월하심의
영광을 경험하게 되었습니다. 가정에서는 행복한 부부생활을
누리고 행복한 가정을 이루게 되었습니다. 자녀의 사춘기에
큰 위기를 경험했지만, 기도의 능력에 힘입어 큰 승리를 경험
하게 되었고 경건한 자손의 복을 누려가고 있습니다.

리더십과 영향력에서도, 사람을 이해하고 섬기는 영역에서
도 많은 진보를 이루었습니다. 목회 사역에서도 계속해서 풍
성한 열매를 경험해가고 있습니다. 영혼의 열매, 제자의 열매
를 계속해서 경험하고 있습니다. 기도를 통해서입니다.

특히 나는 교회를 섬기는 사역을 통해 많은 복을 누리고 있
습니다. 하나님께서는 나에게 좋은 만남의 축복을 허락하셨습
니다. 좋은 멘토와 동료들을 주셨습니다. 물질에서도 하나님
의 공급하심을 늘 풍성하게 경험했습니다. 계속 고난을 경험

했지만, 그때마다 승리를 경험했습니다. 불의와 싸워야 하는 일도 있었지만, 그때마다 하나님의 공의가 승리하는 것을 보게 하셨습니다. 그리고 하나님의 약속이 성취되는 것을 계속해서 경험하고 있습니다.

기도를 통해 세계 선교에 동참하는 복과 풍성한 열매를 누렸습니다. 영적 자손과 육체적 자손이 배가하는 번성을 경험했습니다. 글을 쓰는 은사의 개발을 통해 책도 여러 권 출간하게 되었습니다. 기도는 내게 있어 하나님 나라의 풍성함을 경험하는 황금열쇠였습니다.

기도는 하나님의 뜻을 이루는 통로이다

하나님은 기도를 통해 자기의 뜻을 이루기를 기뻐하십니다. 하나님은 약속을 통해 자신의 뜻을 알려주시지만, 그 약속의 성취는 반드시 기도를 통해서 이루십니다. 기도는 하나님의 뜻을 이루는 통로입니다.

뜻이 하늘에서 이루어진 것 같이 땅에서도 이루어지이다
_마 6:10

하나님께서는 포로 된 이스라엘의 회복을 여러 선지자를 통해 약속하셨습니다. 하나님께서 그것을 이루시기로 작정하셨습니다. 그러나 하나님은 자기 백성의 기도를 통해 이루시겠다고 하셨습니다.

···그래도 이스라엘 족속이 이같이 자기들에게 이루어 주기를 내게 구하여야 할지라··· _겔 36:37

기도는 하나님의 뜻을 이루기 위한 고귀한 부르심입니다. 하나님께서는 자기 뜻을 이 땅에 이루실 때, 먼저 말씀을 통해 계획을 알려주십니다. 그리고 기도의 사람을 일으키셔서 기도하게 하십니다. 기도를 들으시고, 그 응답으로 일하시기를 기뻐하십니다. 그러므로 기도는 우리의 소원 성취의 통로가 아니라, 하나님의 소원 성취의 통로입니다.

우리가 믿음이 어릴 때, 하나님은 우리의 소원을 쉽게 들어주십니다. 하지만 우리는 믿음이 자라갈수록 하나님의 뜻을 알게 됩니다. 이때부터 우리의 뜻을 내려놓고 하나님의 뜻을 이루는 일에 동참하는 법을 배웁니다. 우리의 소원을 하나님의 뜻에 맞추는 법을 배워갑니다. 우리 뜻보다 하나님의 뜻을 우선으로 추구하는 법을 배워가는 것입니다.

기도할수록 하나님의 뜻을 중시하게 된다

우리가 하나님의 뜻을 추구하면, 우리는 우리의 소원이 자연스럽게 이루어지는 것을 배우게 됩니다. 기도의 핵심이 나의 소원을 간구하는 데 있는 것이 아니라, 하나님의 소원을 구하기 위한 것임을 깨닫게 됩니다. 그래서 기도하면 할수록 하나님의 뜻을 더욱 중시하는 사람이 되어갑니다. 자기를 부인하고 예수 그리스도를 따라가는 법을 배웁니다.

그래서 기도는 때로 위험한 삶으로의 부르심입니다. 내 뜻이 아닌 하나님의 뜻을 따르도록 요청받기 때문입니다. 내 생각이 아닌 다른 생각을 따라야 합니다. 한 번도 가보지 않은 길을 가도록 요청받기도 합니다. 때로는 이해할 수 없는 뜻을 따라 나아가도록 요청받기도 합니다. 인간적으로 보면 위험해 보이는 길을 선택하도록 요청받기도 합니다. 기도하지 않았더라면 그런 선택을 요구받지 않았을 것입니다. 기도하지 않았더라면 인간적으로 안전하고 편안한 길을 갈 수도 있었을 것입니다.

기도하는 삶을 선택하고 계속 기도했기 때문에, 말씀의 수준으로 살도록 요청받는 것입니다. 그래서 기도는 우리를 도전적인 삶, 거친 삶, 위험한 삶으로 들어가게 합니다. 예수님께서는 "내 원대로 마시옵고 아버지의 원대로 되기를 원하나이다"(눅 22:42)라고 기도하셨을 때, 십자가로 나아가셔야 했습니다. 배신, 수치, 육체적 고통을 당하셔야 했습니다. 심지어 영적 고통을 겪으셔야 했습니다. 우리도 그렇게 될 수 있습니다.

기도는 우리에게 끊임없이 변화되는 삶을 살게 합니다. 아브라함은 기도를 배우면서 본토 친척 아비 집을 떠나야 했습니다. 갈 바를 알지 못하고 인도하심을 좇아 나아가야 했습니다. 조카 롯과 헤어져야 했습니다. 연약함 때문에 실패의 쓰라림을 여러 번 경험해야 했습니다. 25년을 약속만 바라보며 인내하는 삶을 살아야 했습니다. 그리고 결국 놀라운 기적을 경험했습니다. 100세에 아들 이삭을 본 것입니다. 그는 결국 하나님의 전능하심, 성실하심을 경험하고 감사했습니다.

그런데 아브라함은 다시 부패했습니다. 하나님보다 이삭을 더 사랑하게 되었습니다. 그러자 하나님께서 이삭을 드리라고 하셨습니다. 인생에서 무엇이 더 소중한지를 결정하라고 하신 것입니다. 그래도 그는 기도하는 사람이었습니다. 아브라함은 말없이 하나님의 뜻에 순종했습니다. 이삭을 제물로 드리면 다시 살리실 줄로 믿는 믿음을 가지고 드렸습니다. 하나님은 그것을 크게 기뻐하셨습니다. "…이제야 네가 나를 경외하는 줄을 아노라"(창 22:12). 아브라함은 죽을 때까지 하나님과 동행하며 기도하는 삶을 살았습니다. 하나님께서 그를 변화하고 성숙하게 되는 삶으로 끝까지 인도하셨습니다. 그가 기도하지 않았다면, 그렇게 변화되는 길로 초청받지 않았을 것입니다.

기도는 거룩하고
위험한 삶으로의 부르심이다

변화와 성숙은 거룩한 삶을 의미합니다. 아브라함의 일로 보건대, 기도는 거룩한 삶으로의 부르심입니다. 거룩한 삶의 핵심은 하나님의 뜻을 행하는 것입니다. 주님의 거룩함을 닮는 것입니다. 그런 의미에서, 기도는 하나님의 거룩함을 닮도록 우리에게 주신 선물입니다.

하나님의 말씀과 기도로 거룩하여짐이라 _딤전 4:5

제리 브릿지즈는 이렇게 말했습니다.

"예수님의 거룩하심은 단순히 죄가 없다는 정도에 그치는 것이 아니라 아버지 하나님의 뜻에 온전히 일치하는 것을 의미하는 것입니다."**4**

19세기의 스코틀랜드 신학자 존 브라운은 다음과 같은 말을 했습니다.

"거룩함이란 신비한 사색이나 물불을 가리지 않는 열정 또는 말 없는 위엄 가운데 있는 것이 아니라, 하나님께서 생각하시는 것처럼 생각하며 하나님께서 뜻하시는 대로 좇는 데 있다."**5**

기도는 거룩하신 하나님 앞에 나아가는 것입니다. 거룩하신 하나님 앞에 나아가면 나아갈수록 우리는 그분의 거룩함을 닮게 됩니다. 세상과 다른 삶을 살게 됩니다. 하나님의 뜻을 좇아 살게 되면, 그것이 곧 거룩함입니다.

기도는 능력으로의 부르심입니다. 하나님은 전심으로 자신을 향하는 자에게 능력을 베푸신다고 약속하셨습니다(대하 16:9). 전심으로 기도하는 자에게 능력을 공급하신다고 말씀하셨습니다.

기도는 위험한 삶으로의 부르심입니다. 하지만 기도는 그

---

4 제리 브릿지스, 거룩한 삶의 추구, 네비게이토출판사, p. 39.
5 제리 브릿지스, 거룩한 삶의 추구, 네비게이토출판사, p. 44.

위험한 삶을 넉넉히 감당할 능력을 공급하는 수단이기도 합니다. 기도는 변화와 성숙의 능력을 공급해줍니다. 주님은 성령님을 통해 이 모든 능력을 우리에게 공급하십니다.

위험한 부르심의 결과

기도는 최선의 삶으로의 부르심입니다. 그러므로 기도는 가장 안전한 삶으로의 부르심입니다. 아브라함이 이삭을 드린 후에, 하나님은 그가 독자까지 아끼지 아니하였으므로 그에게 큰 복을 주시겠다고 약속하셨습니다. 그 자손이 크게 번성하여 하늘의 별과 같고 바닷가의 모래와 같을 것이라고 하셨습니다. 그 씨가 대적(사탄)의 성문을 차지할 것이라고 하셨습니다. 그 씨로 말미암아 천하 만민이 복을 얻을 것을 약속하셨습니다(창 22:17-18). 아브라함은 위험한 부르심을 따라 살았지만, 그 길은 가장 안전하고 가장 축복된 길이었습니다.

기도는 오늘 우리가 그리스도의 제자로서의 삶을 성공적으로 살게 합니다. 우리가 그리스도를 따라 살 수 있는 능력을 공급합니다. 우리를 그리스도를 좇는 삶, 그리스도를 닮은 삶으로 인도합니다. 계속해서 자신을 부인하게 합니다. 우리의 뜻을 내려놓고 그리스도를 좇게 합니다. 그리스도 안에서 약속의 성취를 경험하게 합니다.

기도는 내 안에 하나님의 뜻이 이루어지게 할 뿐 아니라, 우리의 기도를 통해 교회 공동체와 이웃과 세상 나라 안에 하나님의 뜻이 이루어지게 합니다. 하나님의 나라가 임하게 합니다.

기도는 하나님께
도움을 구하는 것이다

기도는 하나님께 도움을 구하는 것입니다. 이것이 기도의 가장 일반적인 정의입니다.

인간은 연약하고 부족합니다. 누군가의 도움이 필요합니다. 그래서 우리의 필요를 위해 전능하신 하나님을 의지하는 것입니다. 그러므로 기도는 우리의 부족함을 인정하는 행위이며, 동시에 하나님을 인정하는 행위입니다. 하나님을 신뢰하는 믿음에서 나오는 행위인 것입니다.

오늘 우리에게 일용할 양식을 주시옵고 _마 6:11

예수님은 제자들에게 일용할 양식을 위해 기도하라고 말씀하셨습니다. '일용할 양식'은 한 인간이 이 땅을 살아가는 동안 가장 대표적으로 필요한 것입니다. 특별히 구약에서는 땅을 기업으로 주셨는데, 그 땅은 일용할 양식을 위한 것이었습니다. 땅의 소산은 양식뿐 아니라 소유를 나타냅니다.

먼저 하나님 나라와
그 의부터 구하라

한규삼 목사님의 《청지기 정신》이라는 책에 의하면, 성경에는 소유와 물질에 관한 내용이 2,000번 이상 언급되어 있다고 합니다. 또한 예수님의 말씀 중에서 15퍼센트는 돈과 소유에 관한 가르침이라고 합니다.

물질에 대한 성경의 중요한 교훈은 물질을 사랑하지도 추구하지도 말고, 있는 바를 족한 줄로 알라는 것입니다(히 13:5). 그러나 우리의 필요에 대해서는 구하라고 말씀하십니다(마 6:10). 하나님은 우리의 필요를 아시고, 그 필요를 풍성히 채우시는 분이십니다(빌 4:19). 우리의 할 일은 믿음을 가지고 우리의 필요를 위해 기도하는 것입니다.

하나님께서는 광야 40년 동안 이스라엘 백성을 인도하시면서 매일 만나와 메추라기를 공급해주심으로 풍족하게 채우셨습니다. 그들은 광야에서 일용할 양식을 위해 기도했고, 하나님은 그들에게 풍족하게 공급해주셨습니다.

우리가 필요를 위해 기도할 때, 한 가지 기억해야 할 원리가 있습니다. 그것은 하나님 나라와 그 의를 먼저 구하는 것입니다. 하나님의 뜻을 우선하여 추구하는 것입니다.

우리는 우리의 필요를 구하기 전에, 먼저 하나님 나라와 하나님의 뜻을 위해 기도해야 합니다. 그러고 나서 우리의 필요를 구해야 합니다. 그럴 때 하나님께서 우리의 필요를 넉넉히 채우시겠다고 약속하십니다.

그런즉 너희는 먼저 그의 나라와 그의 의를 구하라 그리하면 이 모든 것을 너희에게 더하시리라 _마 6:33

하나님께서 우리에게 필요한 것의 공급을 약속하셨으니, 먼저 하나님 나라와 그 뜻을 추구하고 기도하면 우리의 필요는 구하지 않아도 된다고 생각하기 쉽습니다. 그러나 예수님은 분명 우리에게 일용할 양식을 구하라고 하셨습니다.

우리에게는 육체적 필요, 정서적 필요, 사회적 필요, 지적인 필요, 영적인 필요 등 많은 영역의 필요가 있습니다. 우리는 또한 고난에서 건짐받을 필요가 있습니다. 보호의 필요가 있는 것입니다. 우리는 모든 필요를 위해 기도해야 합니다.

일용할 양식을 위해 기도하라는 말씀은 우리의 모든 필요를 위해 기도하라는 요청이기도 합니다. 하나님의 자녀는 그 필요를 하나님 아버지께 구하여 받습니다. 하나님은 그 기도를 들으시고 응답하시기를 기뻐하십니다(마 7:7,8). 우리 또한 그것에 대해 기뻐하고 감사함으로 하나님께 영광을 돌립니다(요 16:24). 이렇게 될 때 우리는 우리의 능력으로 필요를 채웠다고 말하지 않고, 하나님의 도우심과 능력에 힘입어 필요가 채워졌다고 말할 수 있습니다. 비로소 하나님께 영광을 돌리게 됩니다.

성경의 모든 약속은 하나님께서 이루시지만, 우리에게는 믿음과 기도로 동참할 것을 요구하십니다. 필요를 위해 기도한 후에는, 그 물질을 얻기 위해 열심히 일해야 합니다(살후 3:10).

하나님의 얼굴과 손을 함께 구하라

우리는 기도를 통해 하나님과의 친밀한 교제를 구합니다. 다른 말로, 기도는 하나님의 얼굴을 구하는 것입니다. 하나님께서 우리에게 자신의 얼굴을 구하도록 초청하셨기 때문입니다 (시 27:8). 다윗은 이 초청에 응했습니다. 주님의 얼굴을 구하며 주님의 아름다움을 사모했습니다(시 27:4). 이것은 주로 찬양과 감사를 통하여 하나님과 교제하는 것을 의미합니다. 주님의 아름다운 성품을 찬양하며 그 성품을 구하는 것입니다. 이러한 기도는 우리가 가장 소중하게 추구해야 할 기도의 영역입니다.

성경은 또 다른 기도를 가르치십니다. 기도로 하나님의 손을 구하라는 것입니다. 이것은 하나님의 도우심을 간구하는 것을 의미합니다. 우리의 필요를 구하는 것입니다.

그런데 많은 영성가는 하나님의 손을 구하기보다 먼저 하나님의 얼굴을 구하라고 말합니다. 하나님의 얼굴을 구함 없이 하나님의 손만 구하는 것은 이기적인 기도요 미성숙한 기도이기 때문입니다. 그러나 하나님의 얼굴만 구하고 하나님의 손을 구하지 않는 것도 비성경적인 기도입니다. 물론, 하나님은 우리가 자신의 얼굴을 먼저 구하기를 원하십니다. 그리고 하나님의 손을 구하기를 또한 원하십니다.

하나님의 손은 선한 도우심의 손입니다(느 2:8,18). 느헤미야는 예루살렘으로 돌아가 성벽을 재건하고자 하는 마음을 가졌습니다. 그러나 그 길은 험난했습니다. 우선 자신을 붙잡고 있던 이방 왕의 허락이 필요했고, 물질적 도움이 필요했습니다. 그는 하나님께 먼저 기도했습니다. 기도한 후에 담대하게 왕 앞에 나아갔습니다. 그리고 도움을 청했습니다.

느헤미야는 왕에게 도움을 청하는 순간에도 하나님께 기도했습니다. 그때 하나님의 선한 손이 함께 했습니다. 왕이 흔쾌히 허락한 것입니다. 왕비도 옆에서 도왔습니다. 그는 통행증과 같은 조서를 얻었고, 들보 같은 건축 재료도 얻었습니다. 하나님의 선하신 손은 도움의 손길이요, 형통케 하시는 손이었습니다. 하나님의 선한 손이 함께 할 때, 사람의 마음이 열리고 환경이 열립니다. 하나님의 풍성한 공급을 경험합니다.

내가 경험한 하나님의 공급하심

하나님을 믿기 전에 나는 가난했습니다. 초등학교를 졸업하고 중학교에 들어가려 하는데, 아버지는 나를 중학교에 보내는 것을 포기하고 계셨습니다. 얼마 안 되는 육성회비조차 낼 수 없었던 탓입니다. 다행히 어머니가 애를 쓰셔서 극적으로 입학하게 되었습니다. 그 후 우리 가정은 더 어려워져서 네 식구가 뿔뿔이 흩어져 산 적도 있었습니다. 다행히 내가 대학을 졸업할 때까지 줄곧 장학금을 받아 학업을 마칠 수 있었습니다.

그러던 중, 대학원 석사과정을 졸업하고 예수님을 믿게 되었습니다. 그때는 내가 포항에서 박사과정 공부를 시작할 때였습니다. 다행히 박사과정을 할 때도 내내 장학금으로 생활할 수 있었습니다. 그때부터 십일조 생활을 하는 걸 배웠습니다. 실제로는 십의 이조를 했습니다. 그리고 생활의 필요를 위해 기도하기 시작했습니다. 그때부터 늘 하나님의 공급하심을 경험하며 살았습니다.

박사과정을 졸업할 때 논문 인쇄비용을 포함하여 60만 원이 필요했습니다. 그 돈도 없었습니다. 기도했습니다. 그러자 32만 원은 아르바이트 자리를 주셔서 채울 수 있었습니다. 30만 원은 내가 일한 실험실에서 도와주었습니다. 이렇게 필요한 것이 다 채워지는 것을 경험했습니다.

나는 졸업 후에 곧바로 결혼했습니다. 결혼 후 두 달 반 만에 C국에 평신도 선교사로 파송되었습니다. 약 5년 동안 선교한 후에, 미국에서 박사후 연구과정을 하게 되었습니다. 이때는 한국이 IMF 금융위기를 맞을 때였습니다. 한국 정부의 지원으로 미국에 갔는데, 환율 때문에 지원금이 반으로 삭감되었습니다. 식량과 의복을 걱정해야 하는 처지였습니다. 조마조마하게 살았습니다. 철없이 마냥 즐겁기만 한 어린아이들을 바라보며 목이 조여 오는 것을 느끼기도 했습니다.

그때 하나님의 공급을 위해 간절히 기도했습니다. 로마서 8장 32절 말씀과 빌립보서 4장 19절 말씀을 붙들고 기도했습니다. 몇 개월이 지난 어느 날, 갑자기 한국의 대기업인 S회사에서 리크루팅 팀이 왔습니다. 인터뷰 후에 나는 책임연구원으로 취직하게 되었습니다. 선교지 경험까지 경력으로 인정받게 되었고, 좋은 조건으로 채용되었습니다. 회사에서 가족 모두의 비행기 표를 지원해주었으며, 한국에서 아파트를 구할 수 있는 돈을 무이자로 대출받는 파격적인 대우까지 받고 S연구소의 연구원이 되었습니다. 37세라는 늦은 나이에 대기업 취직이라는 놀라운 인도하심을 경험하게 된 것입니다.

이후에도 항상 하나님은 나와 우리 가족의 필요를 공급하는 분이셨습니다. 그때마다 기도하게 하셨고, 하나님께 구할 때 하나님께서 신실하게도 일용할 양식을 공급해주셨습니다. 개인의 물질생활의 필요뿐 아니라 정신적, 영적, 사회적 필요도 모두 채워주셨습니다. 그 모든 필요를 내가 구하는 기도를 통해 채워주셨던 것입니다.

하나님의 섭리 안에
포함된 기도

하나님은 필요를 구하는 내 기도를 거절하지 않으시고, 반드시 공급하셨습니다. 기도는 하나님께 구하는 것임을 깊이 깨닫게 하셨습니다. 하나님께서 자녀가 구하는 것을 기뻐하신다는 것을 알게 하신 것입니다.

고상한 신앙을 추구하는 사람 중에는 "하나님이 내 필요를 다 아시는데 굳이 왜 구하는가?"라며 간구의 무용론을 주장하는 경우가 있습니다. 이때 우리는 예수님이 가르치신 주님의 기도 속에 일용할 양식을 구하는 기도가 있다는 사실과, 우리가 그것을 자주 암송한다는 사실을 기억해야 합니다.

C. S. 루이스는 필요를 구하는 우리의 기도가 하나님의 섭리 안에 포함된다고 말했습니다.

하나님을 믿는 사람이라면 누구나 그분이 전체 역사를 손수 쓰실 작정이 아니심을 (기도의 문제와 상관없이) 인정해야 한다. 우주에서 전개되는 사건 대부분은 과연 우리의 소관 밖이지만, 전부 다는 아니다. 마치 이야기의 장면과 전체 줄거리는 작가가 정해 놓았지만, 소소한 세부 사항은 배우들의 즉흥 연기에 맡겨져 있는 연극과도 같다. 하나님이 '어떤 사건이 실제로 일어나게 하는 역할'을 우리에게 맡기신다는 자체가 신비일 수는 있다. 그러나 기도함으로써 '어떤 사건을 유발하게 하시는 것'이 다른 어떤 방법에 비해 더 이상하지는 않다. 파스칼은 "하나님이 기도를 만드신 목적은 피조물에게 '어떤 일을 유발하는 존재'로서의 특권을 부여하시기 위해서다"라고 말했다.[6]

---

6 C. S. 루이스, 기도의 자리로, 두란노, pp. 33-34.

기도는 죄의 고백과
긍휼의 통로이다

기도는 긍휼의 통로입니다. 기도하면 하나님께서 불쌍히 여기시기 때문입니다. 히브리서 기자는 우리가 긍휼하심을 받기위해 기도해야 한다고 했습니다(히 4:16). 예수님은 기도에 대해 말씀하시면서 바리새인의 기도는 책망하시고, "불쌍히 여기소서 나는 죄인이로소이다"(눅 18:13)라고 회개했던 세리의기도는 칭찬하셨습니다.

우리 죄를 사하여 주시옵고 _마 6:12

하나님은 특히 우리가 죄에 빠진 상태를 불쌍히 여기십니다

(마 9:36). 우리가 하나님께 불쌍히 여김을 받는 것은 우리의 죄를 인정하고 고백할 때입니다. 우리는 우리의 죄와 부족함을 인정하지 않으면 불쌍히 여김을 받을 수 없습니다. 하지만 하나님은 우리가 죄를 고백하는 기도를 통해 긍휼을 베푸시고, 우리 죄를 사해주십니다.

자백기도와 회개기도의 차이

우리가 죄를 고백하는 기도에는 두 가지가 있습니다. 자백기도와 회개기도입니다. 자백기도는 말 그대로 죄를 인정하고 용서를 구하는 기도입니다.

기도의 종류로는 일반적으로 찬양기도(Adoration), 자백기도(Confession), 감사기도(Thanksgiving), 간구기도(Supplication)가 있습니다. 간구기도는 남을 위한 중보기도와 자신을 위한 간구기도로 나뉩니다. 이 중에서 자백기도와 유사해 보이는 기도가 회개기도입니다.

회개기도는 삶의 방향을 돌이키는 기도입니다. 통상적으로 회개기도는 하나님을 떠나 살다가 하나님께로 돌이킬 때 드리는 기도를 가리킬 때가 많습니다. 말하자면, 예수님을 처음 믿을 때, 혹은 믿은 후에라도 주님을 멀리 떠나 세상적으로 살다가 다시 주님께로 돌아갈 때 드리는 기도입니다.

반면에 자백기도는 우리가 주님 안에서 살다가도 인간의 연약함과 잘못된 습관 때문에 짓는 일상의 죄에 대해 인정하고 고백하는 기도입니다. 생각과 말과 행동으로 짓는 죄에 대해 용서를 구하는 것입니다. 그래서 때로는 자백기도까지 회개기도라고 부르기도 합니다.

예수님께서 제자들의 발을 씻기실 때, 예수님과 베드로의 대화 중에 회개기도와 자백기도의 차이를 나타내는 구절이 있습니다.

예수께서 이르시되 이미 목욕한 자는 발밖에 씻을 필요가 없느니라 온몸이 깨끗하니라 너희가 깨끗하나 다는 아니니라 하시니

_요 13:10

목욕한 자란 회개하고 돌이킨 자를 의미합니다. 방금 목욕한 사람이 바로 또 목욕할 필요가 없듯이, 회개하고 돌이킨 자가 또 회개할 필요는 없습니다. 하지만 더러워진 발은 자주 씻어야 합니다. 그런 것처럼, 그리스도 안에서 자백함으로 깨끗해질 수 있다는 의미의 말씀으로 해석할 수 있습니다.

우리가 자백하면 예수님께서 우리를 위한 대언자가 되어주
서서 변호해주십니다(요일 2:1,2). 십자가의 피로 우리를 정결
케 하십니다. 자백하면 이렇게 용서해주십니다. 허물과 죄의
사함을 받는 자는 복이 있습니다.

> 허물의 사함을 받고 자신의 죄가 가려진 자는 복이 있도다
> _시 32:1

자백이란 헬라어로 '호몰로게오'(homologeo)로서, '상대방
이 말하는 대로 똑같이 말한다', '고소된 대로 자신의 죄를 인
정한다'라는 의미입니다. 그러므로 자백기도는 '하나님께서
죄라고 말씀하신 것을 죄라고 인정한다, 혹은 시인한다'라는
의미입니다. 하나님은 우리가 이렇게 인정하고 시인한 죄를
용서해주십니다. 우리는 그 용서를 확신해야 합니다. 예수 그
리스도는 우리를 정죄하는 분이 아니십니다(롬 8:1).

우리에게는 사죄(赦罪), 즉 용서받았다는 확신이 필요합니
다. 하지만 사탄은 우리가 사죄의 확신을 갖지 못하도록 늘 방
해합니다. 이미 자백한 죄에 대해 계속해서 정죄 의식을 갖도
록 합니다. "하나님은 한 번의 자백기도로 용서하지 않으신다"
라고 마음에 속삭입니다. 사탄은 이렇게 우리 안에서 계속해

서 스스로 정죄하며 괴로워하도록 만듭니다.

그러나 우리는 고백한 죄를 이미 용서받았다는 분명한 확신이 필요합니다. "그러므로 그리스도 예수 안에서는 결코 정죄함이 없나니"(롬 8:1), "너희 죄와 불법을 다시 기억지도 아니하시겠다"라고 하신 말씀을 의지하여 스스로 용서받았음을 선포하는 일이 필요합니다. 그것을 믿고 확신해야 합니다.

죄 사함의 은총은 우리를 죄의식에서 자유롭게 합니다. 구원의 즐거움이 회복됩니다. 유쾌함과 새롭게 하심을 경험하게 됩니다(행 3:19). 정한 마음과 정직한 영이 회복됩니다(시 51:10). 하나님과의 교제가 회복됩니다. 죄 사함의 경험은 하나님이 인정하신다는 것을 깨닫는 순간이 되기도 합니다. 우리를 새로운 영적 경지로 인도합니다. 회개하면 하나님 나라가 임하게 됩니다. 개인과 공동체에 부흥이 임하게 됩니다. 예수 그리스도의 십자가의 은혜를 덧입게 됩니다.

믿지 않고 의심하는 것도 죄다

인생의 계절 중에 사춘기와 중년기는 유혹이 많은 시기입니다. 나는 중년기에 많이 흔들렸습니다. 겉으로는 문제가 없었지만, 내면이 흔들렸습니다.

선교지에서 사역을 마친 후 미국과 한국에서 생활하게 되었습니다. 직장생활을 해서 물질적으로는 안정되었습니다. 그러나 마음은 허전했습니다. 다시 선교지에 나가지 못하고 있는 것에 대한 죄의식이 많이 생겼습니다. 사역에 열심히 임하지 못하고 있는 자신이 부끄러웠습니다. 나 자신의 정체성이 흔들리는 것을 경험했습니다. 인정받고 싶은 욕망도 있음을 알게 되었습니다.

그러다가 마침내 신학 공부를 결심하고 미국으로 가게 되었습니다. 하지만 미국에 도착한 후, 죄의식이 더 많이 생겼습니다. 동료들은 선교지에서 고생하고 있는데, 나는 한국의 대기업에서 좋은 조건으로 일하고, 미국에 와서 신학까지 공부한다는 것이 사치스럽게 느껴졌습니다.

어느 날 마음속에서 하나님께서 크게 책망하시는 것을 느꼈습니다. "왜 나의 인도를 믿지 못하는가?"라는 하나님의 음성이 내면에 들렸습니다. 나의 문제는 내가 무언가를 잘못 선택한 것이 아니라, 하나님의 인도를 믿지 않고 의심하는 것임을 깨닫게 되었습니다. 그 죄를 깨달았지만, 자백하지 않고 3일을 버텼습니다. 그러다가 시편 51편을 읽으면서 나의 죄를 하나님 앞에 인정하고, 회개의 기도를 드렸습니다. 그러자 하나님의 평강이 내 마음에 깃들었습니다. 하나님의 임재와 하나님의 인정을 경험하게 되었습니다. 바로 그날 하나님께서 나를 한 교회로 인도하셨습니다. 그날 이후 지금까지 17년간 목회 사역을 하게 하셨습니다. 하나님은 나의 잘못을 깨닫게 하시고, 자백하게 하시고, 새로운 길로 인도하셨습니다. 긍휼의 하나님이셨습니다.

23하나님이여 나를 살피사 내 마음을 아시며 나를 시험하사 내 뜻을 아옵소서 24내게 무슨 악한 행위가 있나 보시고 나를 영원한 길로 인도하소서 _시 139:23-24

기도는 영적 전쟁의
강력한 무기이다

사탄은 우리를 넘어뜨리려고 끊임없이 유혹합니다. 이 유혹을
분별하고 결단 가운데 말씀을 선택하기 위해 기도가 필요합니
다. 기도는 영적 전쟁의 강력한 무기입니다.

우리를 시험에 들게 하지 마시옵고 _마 6:13

사탄은 우리를 여러 모양으로 유혹합니다. 돈과 명예와 쾌
락을 좇아 죄를 짓도록 유혹합니다.

사탄은 잠도 자지 않고 우리를 멸망시킬 온갖 방법을 찾고 있다는

사실을 명심하라.[7]

예수님께서도 "시험에 들지 않게 깨어 기도하라"(마 26:41)라고 말씀하셨습니다.

기도는 파수꾼이다

성경에서 '시험'은 때로는 유혹으로, 때로는 시련의 의미로 사용됩니다. 주기도문에 언급된 시험은 유혹이라는 의미입니다. 유혹에 넘어가지 않기 위해서는 영혼이 깨어 있어야 합니다. 영혼이 깨어 있기 위해 가장 필요한 것이 기도입니다. 그러므로 기도하는 영혼은 깨어 있는 영혼입니다.

기도는 파수꾼(watchmen)의 역할을 합니다. 파수꾼은 전쟁에서 적군이 쳐들어오는 것을 망루에서 맨 먼저 보고 알리는 사람입니다. 기도는 영적인 적의 침투를 빨리 감지하게 합니다. 그리고 올바로 대처하도록 돕습니다. 하지만 기도하지 않는 영혼은 잠자는 영혼입니다. 파수꾼이 잠자고 있는 것과 같

---

7 안젤라 메리치(Angela Merici)

습니다. 적의 침투를 감지하지 못합니다. 그러면 무너집니다. 넘어집니다.

다윗은 왕이 된 후 승리에 도취하여 안일해졌고, 영적으로 둔감해졌습니다(삼하 11장). 그는 전쟁 중이었는데도 마땅히 나가야 할 전장에 나가지 않았습니다. 후방에서도 깨어 있지 못했습니다.

하루는 오후에 잠을 자고 깬 다음 옥상을 거닐다, 목욕하는 여인 밧세바를 보고 시험에 빠졌습니다. 그 여인과 동침했습니다. 불륜의 죄를 저지른 것입니다. 그 여인의 남편 우리아는 충성스러운 병사로 전쟁에 나가 있었습니다. 다윗은 밧세바의 임신 사실을 듣고, 교활한 계략을 세워 우리아를 전쟁터에서 죽게 했습니다. 살인죄까지 저지른 것입니다.

그가 이런 엄청난 죄를 저지르게 된 이유는 하나님이 주신 권력에 스스로 취했기 때문입니다. 특권의식에 사로잡혀 있었습니다. 말씀을 잊었습니다. 그래서 유혹에 넘어가고 말았습니다. 그는 나중에 죄를 회개하고 돌이켰습니다. 그러나 평생 그 죄의 열매를 따 먹어야 했고, 죄의 대가를 혹독히 치러야 했습니다. 그는 인생의 끝맺음을 잘하지 못했습니다. 시험에 들지 않게 깨어 기도하지 않았기 때문에 일어난 일입니다.

반면, 다니엘은 청년 시절에 우상의 제물을 먹지 않겠다고 결심하여 유혹을 이겼습니다. 그리고 그는 끝까지 허물없는 삶을 살 수 있었습니다. 대적들이 그의 허물을 찾으려 아무리 애를 써도 찾을 수 없을 정도로 거룩한 삶을 살았습니다. 그 비결은 일평생 하루 세 번씩 예루살렘을 향하여 기도하는 삶을 산 것에 있습니다(단 6:10). 그 덕분에 이방 땅에서 홀로 왕궁에 있으면서도, 수없이 많은 유혹의 순간들을 뿌리치고 승리할 수 있었습니다. 그의 승리는 기도에 힘입은 바가 크다는 것을 성경이 증거해줍니다.

유혹을 분별하는 법

오늘날에도 얼마나 많은 영적인 사람들이 돈 때문에, 이성(異性) 때문에, 권력 때문에 무너져 내리는지 모릅니다. 영혼을 거룩하게 세우는 것은 오래 걸리고 어려운 일입니다. 그러나 넘어지고 무너지는 것은 한순간입니다.

하나님의 크신 은혜는 분명 넘어진 우리를 일으키기에 충분합니다. 그러나 다시 일어서는 것은 다윗의 경우에서 알 수 있듯이, 엄청나게 고통스러운 과정을 수반합니다.

어떤 유혹은 분별하기 힘듭니다. 매우 은밀하기 때문입니다. 유혹은 우리와 연결된 인간관계를 통해 은밀하게 들어옵니다. 우리의 연약함을 타고서도 들어옵니다. 육신의 정욕, 안목의 정욕, 이생의 자랑이라는 욕심을 타고 은밀히 우리 안에 침투합니다. 은밀하다는 것은 우리 안에 조금씩, 아주 조금씩 들어온다는 것을 의미합니다. 눈치채지 못하게 들어오는 것입니다. 여기에 대해 분별력이 없으면 죄를 짓게 됩니다. 욕심을 타고 들어온 유혹이 우리를 죄로 유인합니다.

14오직 각 사람이 시험을 받는 것은 자기 욕심에 끌려 미혹됨이니 15욕심이 잉태한즉 죄를 낳고 죄가 장성한즉 사망을 낳느니라 _약 1:14,15

유혹을 분별하는 방법의 하나는 우리 마음의 생각을 살펴보는 것입니다. 우리 마음속에 일어나는 생각을 보면 분별할 수 있습니다. 우리 안의 한 편에는 성령의 생각이 있고, 다른 한 편에는 육신의 생각이 있습니다. 이 둘은 서로 다툽니다. 성령에 의한 생각을 선택하면 생명과 평안이 찾아옵니다. 하지만 육신의 생각을 선택하면 죄를 짓고, 사망을 경험하게 됩니다.

5육신을 따르는 자는 육신의 일을, 영을 따르는 자는 영의 일을

생각하나니 6육신의 생각은 사망이요 영의 생각은 생명과 평안이니라 _롬 8:5,6

"영적 전쟁에서 이기고 지는 것은 언제나 생각 속에서 벌어지는 일이다."[8]

기도는 은밀한 죄의 유혹을 분별하게 합니다. 우리의 분별력만으로는 죄와 유혹을 분별하기 어렵습니다. 그래서 성령의 도우심이 필요합니다. 기도는 우리의 마음과 정신으로 분별하기 어려운 것들을 분별하게 해주는 것입니다. 기도하면 유혹의 근원을 알 수 있습니다(잠 20:5).

사람의 마음에 있는 모략은 깊은 물 같으니라 그럴지라도 명철한 사람은 그것을 길어 내느니라 _잠 20:5

기도하면 우리 안에 있는 욕심을 분별하게 됩니다. 예수께서 시험에 들지 않게 깨어 기도하라고 제자들에게 말씀하셨던 그때, 그들은 기도하지 않았습니다. 결국 베드로와 다른 제자

---

8 프랜시스 쉐퍼(Francis Schaeffer)

1부 | 영광스러운 초대

들은 실패했습니다. 예수님을 배신하고, 떠나고 말았습니다.

모든 기도가 유혹을 이기게 하는 것은 아닙니다. 자신의 욕심을 따라 드리는 기도는 하나님께서 듣지 않으십니다(약 4:3). 그런 기도로는 유혹을 이길 수 없습니다. 하나님의 뜻을 추구하지 않고 자기 뜻대로 기도하는 사람의 기도는 성령께서 역사하시지 않습니다. 그런 기도는 파수꾼의 역할을 하지 못한 기도입니다.

영적 전쟁에서 승리하는 법

영적 전쟁에서 승리하는 비결은 성령 안에서 항상 힘써 기도하는 것입니다. 사도 바울은 에베소서 6장에서 영적 전투를 위한 전신갑주를 설명하면서 가장 마지막에 기도를 언급했습니다.

> 모든 기도와 간구를 하되 항상 성령 안에서 기도하고 이를 위하여 깨어 구하기를 항상 힘쓰며 여러 성도를 위하여 구하라
>
> _엡 6:18

개역한글 성경에는 성령 안에서 '무시(無時)로' 기도하라고 번역돼 있습니다. 어떤 경우에든지, 언제든지 기도하라는 말씀입니다. 쉬지 말고 기도하라는 것입니다. 이 말은 항상 깨어 기도하는 정신으로 살아가라는 말씀으로 해석됩니다. 또한 이 말씀은 데살로니가전서 5장 17절에서 "쉬지 말고 기도하라"라고 하신 말씀과, '이것이 하나님의 뜻'이라고 하신 말씀과 일맥상통합니다. 이것은 기도를 가장 중요한 영적인 무기로 여긴 것으로 해석할 수 있습니다. 구약 시대에도 이스라엘이 광야에서 아말렉과 싸울 때(출 17장), 그 전쟁의 승리는 모세의 기도에 달려 있었습니다.

신구약 성경은 영적인 전쟁의 승패가 기도에 달려 있다고 말합니다. 하나님의 은혜가 유혹을 이기게 합니다. 죄가 집요하지만, 하나님의 은혜만큼 집요하지는 않습니다.

인간의 죄가 집요하긴 하지만 하나님의 은혜만큼 집요하지는 않으며, 끈질기기로 따지면 하나님 은혜의 절반에도 못 미친다. 뜻을 관철하기 위해 어떤 어려움도 감당해 낼 각오로 따져 봐도 인간의 죄는 역시 하나님 은혜의 절반에도 못 미친다.[9]

---

9 코넬리우스 플랜팅가, 우리의 죄 하나님의 샬롬, 복있는 사람, p. 309.

기도는 승리하신 그리스도를 바라보는 것입니다. 십자가에서 승리하신 예수 그리스도를 바라볼 때 은혜가 임합니다. 그러므로 기도가 은혜를 구하는 것입니다.

기도는 하나님의 손을
붙드는 것이다

우리는 시험에 들지 않기를 기도할 뿐만 아니라, 악에서 구해
주시기를 기도해야 합니다. 예수님은 제자들에게 "악에서 구
하시옵소서"라고 기도하라고 가르쳐주셨습니다.

다만 악에서 구하시옵소서 _마 6:13

"악에서 구하시옵소서"라는 기도는 '고난에서 건져주시옵소
서'라는 기도와 같은 의미입니다.

악은 두 가지 형태로 우리를 공격합니다. 하나는 죄의 유혹
(시험)이며, 다른 하나는 시련입니다. 죄의 유혹에 대해서는 앞

에서 '시험에 들지 말게 해달라'는 기도에서 다루었습니다. 여기에서 언급된 악은 주로 '고난'과 관계된 것입니다.

실제로 악이라는 단어의 헬라어 원어 '파네라스'의 의미가 바로 '고난'(hardships)입니다. 그 단어의 어원을 추적해보면, 고난은 '가난한'(poor)이라는 의미의 '페네스'에서 파생된 것입니다. 그러므로 "악에서 구하시옵소서"라는 기도는 '고난에서 건져주시옵소서'라는 의미로 해석될 수 있습니다.

고난의 이유와 위험한 상태

고난의 근본, 뿌리는 악입니다. 고난이 우리에게 성장과 성숙, 그리고 혹은 축복을 가져다주는 것은 사실이지만, 그 자체는 악에서부터 나온 것입니다. 천국에는 고난이 없다는 사실을 기억해야 합니다.

복음주의를 대표하는 신학자 존 스토트는 이렇게 말했습니다.

성경에 따르면 고난은 하나님의 선한 세계에 이방 세력이 침입한 것이며, 하나님의 새 우주에서는 설 자리가 없을 것이다. 그것은 창조

주에 대한 사탄적이고 파괴적인 맹공격이다. … 하나님이 고난으로
부터 가져오실 수 있는 선에 대하여 무엇이든 말할 수는 있겠지만,
우리는 그것이 악에서부터 나온 것임을 잊어서는 안 된다.[10]

오스왈드 샌더스는 이렇게 말했습니다.

하나님이 허락하실 때만 고난이 우리에게 닥칠 수 있다는 말은 사실
이다. 그런 의미에서, 그리고 그 의미에서만 하나님이 고난을 '주신
다'라고 말할 수 있다. 하지만 고난의 근원은 사탄이다. 고난은 인간
이 죄를 지은 후에 인간의 삶에 들어왔다. 그것은 그리스도께서 그
분의 의로운 왕국을 세우실 때까지 우리가 참고 살아가야 할 일종
의 죄의 저주라고 말할 수 있다.[11]

고난은 우리의 삶을 위협합니다. 정신적, 육체적, 물질적으
로 타격을 줍니다. 욥은 고난 중에 건강과 재산과 자녀들을 잃
었습니다. 아내와의 관계까지 잃었습니다. 요셉은 고난의 기
간 중에 이국땅에 팔려 가고 억울한 옥살이를 했습니다. 가족
과 고향과 신분을 잃었습니다. 다윗은 고난 중에 사울의 질투

---

10 존 스토트, 그리스도의 십자가, IVP, pp. 596-597.
11 마가렛 클락슨: 오스왈드 샌더스, 넉넉히 이기게 하시는 하나님, 나침반, p. 17.

1부 | 영광스러운 초대

를 받고 생존의 위협을 경험했습니다. 다니엘은 고난 중에 총리의 신분을 잃고 사자 굴에 들어가는 위험을 당했습니다. 예수님은 십자가에서 육체적, 정신적, 사회적, 영적 고통을 경험하셨습니다. 고난은 매우 위험한 상태입니다. 그래서 주기도문에서 나오는 악이라는 단어는 단순한 고난이 아니라, '매우 위험한 상태를 초래하는 고난'을 의미합니다.

고난은 우리의 삶에 많은 상처를 만듭니다. 상실과 배신, 수치 등이 우리 안에 상처를 만듭니다. 삶이 무질서해지고 혼란스러워집니다. 파괴되고 깨어집니다. 압력으로 말미암는 억압과 구속을 경험하게 됩니다. 고난은 나쁜 상태이며, 뒤틀어진 상태입니다.

고난은 악하고 비참한 상태입니다. 정상에서 벗어난 상태입니다. '악'이라는 헬라어 '파네로스'는 '나쁜 상태', 혹은 '악한 상태'라는 뜻도 포함하고 있습니다. 그래서 고난은 치유와 회복이 필요합니다. 해방과 자유와 건짐이 필요하고, 정상적인 상태로 회복되어야 합니다. 새로운 질서로 들어가야 합니다.

고난은 자유와 해방에 대한 갈망을 갖게 합니다. 창조적인 새 질서에 대한 갈망을 갖게 합니다. 그러나 우리는 스스로를 그 비참한 상태에서 건져낼 수는 없습니다. 고난은 우리의 무능력과 비참함을 철저히 깨닫는 기회입니다.

하나님께서 우리의 고난을
선용하실 기회

하나님만이 우리를 고난에서 건지실 수 있는 분이십니다. 하나님은 이스라엘을 바로의 압제에서 건져주셨습니다. 바로의 군대는 홍해 바다에 처넣으시고, 이스라엘 백성은 바다를 육지처럼 건너가게 하셨습니다.

하나님은 욥을 고난에서 건져주셨습니다. 상실한 것에서 갑절의 축복을 주셨습니다. 요셉을 건져주셔서 국무총리가 되게 하시고, 만민의 생명을 살리는 놀라운 역할을 주셨습니다. 다윗을 사울의 추격에서 건져주시고, 이스라엘의 왕으로 만드셨습니다. 다니엘을 사자 굴에서 건지시고, 그 대적들을 사자 굴에 들어가게 하셨습니다. 예수님을 죽음에서 부활시키셨습니다. 이 하나님이 우리를 건지시는 하나님이십니다. 회복시키시는 하나님이십니다.

하나님은 오늘날에도 여전히 자기 백성을 건져주십니다. 모든 사람을 건져주시는 것은 아닙니다. 자신을 의지하고 기도하는 사람을 고난에서 건져주십니다. 그래서 기도는 하나님의 손을 붙드는 것입니다. 하나님의 손은 건지시는 손이기 때문입니다. 어루만지셔서 치유하시고 회복시키시는 축복의 손입니다.

우리가 하나님을 의지하고 기도할 때, 우리는 그 치유의 손, 회복의 손, 전능하신 손을 붙들게 됩니다. 그러므로 고난 중에라도 기도하면, 우리는 깜깜한 상태에서도 하나님과 함께 걸어갈 수 있습니다. 실족하지 않게 됩니다. 비록 잠시 깜깜한 터널을 통과해야 하지만, 결국엔 아름다운 햇빛을 보게 됩니다.

사람들이 우리 머리를 타고 가게 하셨나이다 우리가 불과 물을 통과하였더니 주께서 우리를 끌어내사 풍부한 곳에 들이셨나이다 _시 66:12

그러나 내가 가는 길을 그가 아시나니 그가 나를 단련하신 후에는 내가 순금 같이 되어 나오리라 _욥 23:10

기도는 하나님께서 우리 안에서 고난을 선용하실 기회를 내어드리는 것입니다. 기도하는 사람과 기도하지 않는 사람의 차이가 여기에 있습니다.

하지만 모든 사람이 고난으로 인해 유익을 얻는 것은 아닙니다. 고난 때문에 더 잘못되는 사람들도 많습니다. 그러나 고난 중에 기도하면 하나님의 역사를 경험하고, 하나님을 영화롭게 합니다(시 50:15). 고난 중에 기도할 때 하나님께서 성령님을 통해 말씀을 깨닫는 은혜를 주십니다(시 119:71). 고난을 올바로 해석하게 하고, 올바로 반응하게 합니다.

고난 중에 기도하면
알게 되는 것들

하나님은 우리가 고난 중에 기도할 때, 말씀에 순종할 능력을 공급하십니다(시 119:67). 변화하고 성장하게 하십니다. 하나님의 놀라운 공급의 축복을 경험하게 하십니다. 하나님께서 놀랍게도 우리의 닫힌 문을 여시고, 회복의 은총을 덧입게 하십니다. 혼돈과 무질서를 지나, 새로운 창조의 질서 속으로 들어가게 됩니다. 더 중요한 것은, 변화하고 성숙하여 주님을 더욱 닮게 되는 것입니다.

고난 중에 기도하면 감사를 배웁니다. 고난을 견딜 능력을 얻게 됩니다. 인내를 배우게 됩니다. 고난 중의 인내란, 해오던 선한 일을 계속하는 것입니다. 포기하지 않는 것입니다. 계속 주님과 동행하고, 계속 주의 일을 하는 것입니다. 해야 할 일들을 성실하게 계속하는 것입니다. 바로 그때 주님의 인격을 닮게 되고, 주님 안에서 새로운 산 소망을 갖게 됩니다(롬 5:3-5).
새로운 창조가 일어나게 됩니다.

> 고난(그것은 곧 악이다)이 성장의 원인이 아니라, 성장의 기회라는 것
> 이다.[12]

> 고난은 그 자체로는 창조적이 아닐지 모르지만, 우리는 고난 없이는
> 창조적이기가 거의 불가능하다. 또한 우리는 사람이 성장하게 하는
> 것은 고난이 아니지만, 고난 없이는 사람이 성장하지 않는다고 말
> 할 수 있을 것이다.[13]

나의 삶에서 고난은 주기적으로 찾아왔습니다. 한 번 찾아
온 고난은 대략 5-7년이나 이어졌습니다. 믿기 전에는 그 고
난에 어떻게 대처해야 할지 몰라 계속 어둠 속에서 살아야 했
습니다.

예수 그리스도를 믿은 후에도 고난은 여전했습니다. 그러나
고난에 대처하는 법은 달라졌습니다. 나는 하나님을 의지하면
서 고난 중에도 소망을 잃지 않았습니다. 그리고 결국 고난 끝

---

12 폴 트루니에, 고통보다 깊은, IVP, p. 29.
13 폴 트루니에, 같은 책, p. 110

에 있는 영광스러운 회복을 어김없이 경험했습니다.

나에게 처음으로 고난이 찾아온 때는 예수님을 처음 믿은 후, 수년의 기간이었습니다. 학업과 연구의 압력, 사역의 압력, 관계의 갈등 등이 겹쳐 매우 힘겨운 시기였습니다. 이때 하나님은 나에게 기도를 가르쳐주셨습니다. 새벽을 깨우는 법을 가르쳐주셨습니다. 하루 3시간씩 무릎을 꿇고, 1시간씩 말씀을 묵상하며 견디는 법을 배우게 하셨습니다. 그리고는 때가 되었을 때 극적인 결과를 주시고, 모든 압력과 갈등에서 벗어나게 하셨습니다.

그다음에 고난이 찾아온 것은 선교지에서 생활하던 5년의 기간이었습니다. 이 시기에 나는 낯선 땅에서 결혼 생활, 교수 생활, 선교사로서 사는 생활을 감당하느라 심신이 허약해져 있었습니다. 특별히 몸이 매우 허약하여 자신감이 많이 떨어진 상태였습니다. 이때는 아내와 함께 기도하고 대화하며 어려움을 견뎌 나갔습니다. 기도를 최우선으로 하는 삶을 살며 여전히 새벽을 깨웠습니다. 연약한 상태에서 한 사역이었지만, 하나님의 은혜로 열매는 매우 풍성했습니다.

그다음의 4-5년간은 고립의 기간이었습니다. 선교지에서 떠나야 했고, 떠돌아다녀야 했습니다. 미국으로, 한국으로, 그리고 다시 미국으로 이주했습니다. 어린아이들을 데리고 계속

움직였습니다. 경제적으로 힘들었고, 정체성도 크게 흔들렸습니다. 40대 전후에 겪는 중년의 위기도 함께 경험했습니다. 그러나 여전히 기도의 끈을 놓지 않았고, 아내와 많은 대화를 나누며 어두움을 헤쳐 나갔습니다.

고난이 하나님의 손을
붙잡는 수단이 되다

고립의 기간이 끝날 무렵에, 나는 회개하게 되었습니다. 그때 하나님께서 나를 만나주셨습니다. 나는 영적인 회복과 함께 환경에서도 회복을 경험했습니다. 그리고 목회 사역으로 전환하게 되었습니다. 이후 약 5년 동안 신나게 사역했습니다. 꿈같은 나날이었습니다. 나의 은사가 충분히 개발되는 시기였습니다.

그러나 목회에도 고난이 찾아왔습니다. 교회의 분쟁 속에서 여러 갈등을 경험해야 했습니다. 그러는 사이에 사춘기 자녀의 극심한 방황을 경험하게 되었습니다. 50대 초반에서 중반까지, 약 6년간 지속되는 아들의 방황을 보아야 했습니다. 앞이 캄캄했습니다. 극도의 염려와 씨름해야 했습니다. 아침에도, 낮에도, 밤에도 울부짖으며 하나님께 매달렸습니다. 간절히, 간절히 하나님을 찾았습니다. 그래도 하나님은 나의 기도를 들어주지 않으시는 것 같았습니다. 하지만 또 기도하고, 또 기도했습니다. 마침내 하나님께서 극적으로 은혜를 베풀어주셔서 나를 변화시키시고, 동시에 아들을 변화시켜 주셨습니다. 회개와 함께 하나님을 신뢰하는 법을 배우게 해주셨습니다. 주님을 부르는 것뿐만 아니라, 감사하는 것을 가르쳐주셨습니다.

이런 주기적인 고난의 늪을 경험하면서 30년의 세월을 보내고, 이제 60을 바라보는 나이가 되었습니다. 긴 고난의 시간을 지나면서, 오로지 기도를 통해 주님을 붙들게 하셨습니다. 하나님의 약속을 붙들게 하신 것입니다. 그리고 하나님의 신실하심을 경험하게 하셨습니다. 주님께서 주시는 승리와 회복을 항상 경험하게 하셨습니다. 고난은 기도가 하나님의 손을 붙드는 수단임을 가르쳐주었습니다.

꾸준한 기도는
마른 영혼에 물 대기이다

기도하는 자의 영혼은 생명수로 채워집니다. 마른 땅에 물을 대는 것 같습니다. 기도는 마른 사막처럼 힘든 내 영혼에 물 대기입니다.

> 9땅을 돌보사 물을 대어 심히 윤택하게 하시며 하나님의 강에 물이 가득하게 하시고 이같이 땅을 예비하신 후에 그들에게 곡식을 주시나이다 10주께서 밭고랑에 물을 넉넉히 대사 그 이랑을 평평하게 하시며 또 단비로 부드럽게 하시고 그 싹에 복을 주시나이다 _시 65:9,10

다윗의 이 시는 주께서 택하시고 가까이 오게 하셔서 주의 뜰에 살게 하신 사람의 복을 노래합니다. 성전의 아름다움, 즉 하나님의 아름다움으로 만족하는 사람의 복을 노래합니다. 이 것은 예배자의 복이며, 또한 기도하는 자의 복을 의미합니다.

계속 기도하는 영혼은 하나님의 생명의 강수로 충만히 채워 집니다. 열매가 풍성하게 맺혀집니다. 이는 마치 물이 넉넉히 공급된 밭이랑과 같습니다. 단비로 충분히 채워진 밭 말입니다. 뿌려진 씨앗들이 자라서 풍성한 열매를 맺는 밭과 같이 되는 것입니다.

기도가 없는 영혼의 특징

기도가 없는 영혼은 메마른 땅과 같이 황량합니다. 메마른 땅에는 식물이 자라지 않습니다. 거친 풀만 있을 따름입니다. 곡식이 자라지 못합니다. 열매가 없습니다. 번성할 수 없습니다.

기도가 없어서 황량해진 영혼은 넉넉하지 못합니다. 지치고 상처받은 영혼입니다. 이런 영혼은 힘이 없습니다. 믿음, 소망, 사랑이 부족합니다. 원망과 정죄로 가득합니다. 부정적인 생각으로 가득합니다. 넉넉하지 못하고 너그럽지 못합니다. 핍

절하고 궁핍합니다. 꿈이 없습니다. 올바른 지식이 없습니다. 깨닫지 못합니다. 쉽게 넘어지고, 쉽게 포기합니다. 생명의 원천과는 멀리 떨어져 있습니다.

하지만 기도하는 영혼은 이런 것과 반대가 됩니다. 기도가 주님을 가까이하게 만들기 때문입니다. 기도하는 사람은 주의 뜰에서 사는 법을 배우는 사람입니다. 하나님의 아름다움을 맛보며 사는 사람입니다.

다윗은 어려서부터 하나님의 아름다움을 맛보며, 그것을 사모하며 살았습니다. 그는 일평생 하나님의 아름다움을 사모하는 것을 가장 소중한 것으로 여겼습니다(시 27:4).

하나님은 자신을 가까이하는 자에게 복을 주십니다(시 65:4). 하나님을 가까이하는 자를 가까이하십니다(약 4:8). 하나님을 가까이하는 자에게 하나님은 성령을 통해 생명수를 공급하십니다. 생수가 공급되면 단단하던 마음이 부드러워집니다. 말씀을 사모하게 됩니다. 마음 판에 떨어진 말씀을 깨닫게 됩니다. 그 말씀이 심령 속에 머물게 됩니다. 그리고 그 말씀을 따라 순종하게 됩니다. 그러면 영혼이 힘을 얻습니다. 상처가 치유됩니다. 믿음, 사랑, 소망이 자랍니다. 감사를 배웁니다. 긍정적인 말을 하게 됩니다. 너그럽고 풍성한 영혼이 됩니다. 꿈이 자라납니다. 분별력과 지혜가 생깁니다. 포기하지 않습니다. 인내합니다. 충만함을 경험합니다. 열매를 맺습니다. 번성을 경험합니다.

하나님께서는 이사야 선지자에게 이스라엘이 죄악으로 인해 포로가 되고 황폐하게 될 것을 예언하게 하셨습니다. 그분은 또한 이스라엘의 회복을 약속하셨습니다. 그 회복을 위해 이스라엘이 해야 할 일을 가르쳐주셨는데, 그중에 중요한 것이 기도였습니다(사 58:9-12).

기도하는 사람에게 바뀌는 것들

기도는 먼저 우리의 말을 바꿉니다. 판단하고 정죄하는 말을 버리게 합니다. 부정적인 말과 허망한 말을 버리게 합니다. 사랑과 격려의 능력을 공급합니다. 기도는 영혼에 빛을 공급합니다. 하나님의 인도를 따라 살게 합니다. 고난의 환경에서도 영혼의 만족을 누릴 줄 알게 합니다. 기도는 또한 육체적인 건강을 공급합니다. 영혼에 생명수가 충분히 공급된 후에는 우리의 영혼이 '물 댄 동산 같고, 물이 끊어지지 않는 샘' 같은, 차고 넘치는 심령이 되게 합니다. 나아가 사명을 회복하고, 대를 이은 번성의 복을 받게 합니다.

기도하는 삶은 영혼의 뿌리를 하나님의 생명수에 연결하여 사는 것입니다. 예레미야는 놀라운 비유를 들어 이 과정을 설명합니다(렘 17:5-8). 하나님을 가까이하지 않고, 하나님을 의지하지 않는 사람은 사막의 떨기나무와 같은 삶을 산다고 말합니다. 광야, 메마른 땅, 사람이 살지 않는 땅에서 사는 것처럼 살게 된다는 것입니다.

그러나 하나님을 가까이하는 사람, 하나님을 의지하는 사람은 물가에 심긴 나무와 같은 삶을 살게 된다고 말합니다. 그 나무는 뿌리를 강변에 내려서 계속 물을 공급받습니다. 그래서 아무리 더위가 와도 잎이 푸르고, 가뭄이 와도 걱정 없이 계속 열매를 맺게 됩니다.

메마른 영혼이 기도를 통해 차고 넘치는 영혼이 되기까지는 오랜 기간 물을 대는 작업이 필요합니다. 마치 산에서 내려오는 물줄기를 막아 댐을 채운 후에, 그 물로 발전기를 돌리기까지 오랜 시간이 걸리는 것과 같습니다. 메마른 땅에 씨앗을 뿌리고 물을 대어 그 씨앗이 자라고 열매를 맺고 번성할 때까지는 오랜 시간이 걸립니다. 봄, 여름, 가을, 겨울을 여러 번 거쳐서 비로소 30배, 60배, 100배의 열매를 맺게 됩니다.

기도는 특히 하나님과의 관계를 향한 투자입니다. 사람과의 관계에서도 많은 시간을 꾸준히 투자해야 좋은 관계를 맺

고, 그것을 유지합니다. 그리고 좋은 결실을 보게 됩니다. 하나
님과의 관계에서도 마찬가지입니다. 많은 시간이 필요합니다.
많은 시간을 그분의 뜰에서 지내야 그분을 더 알 수 있습니다.
그러면 그분 안에 있는 복을 깨닫고, 복을 받는 길을 가게 됩
니다. 그러므로 꾸준한 기도가 풍성한 열매를 맺게 합니다. 그
런 면에서 기도는 영원을 위한, 영원한 투자입니다. 하나님을
향한 투자이기 때문입니다.

　하나님과의 친밀한 교제의 첫 번째 열매는 영혼의 충만함입
니다. 두 번째는 영혼의 풍성한 열매입니다. 이 둘은 서로 연결
되어 있습니다. 꾸준한 기도에는 하나님의 개입하심이 뚜렷하
게 나타납니다. 그래서 영혼이 충만해지고 열매를 맺게 되는
것입니다. 처음에는 미미하지만, 뒤로 갈수록 풍성해집니다.
마치 저축의 '복리 효과'와 같습니다. 처음에는 미미하지만, 뒤
로 갈수록 큰 차이를 내는 점에서 물질의 투자와 영혼의 투자
는 같습니다. 중요한 것은 꾸준히 투자해야 한다는 것입니다.
그래서 꾸준한 기도가 신비롭습니다.

　기도의 세계에서 가장 신비로운 것은 오래 참는 꾸준한 기도, 끈질
긴 기도가 필요하다는 것이다.[14]

14 앤드류 머레이, 기도만이 능력이다, 브니엘, p. 148.

그 신비는 결과를 통해 드러납니다.

믿음은 마치 물처럼 어떻게 해야 힘을 발휘하게 되는지를 잘 알고 있다. 물이 함께 모여서 시내를 이루어야 힘차게 흘러내릴 수 있는 것처럼, 믿음도 능력을 발휘하기 위해서는 함께 모여야 한다. 그와 마찬가지로 기도도 때로는 가득 쌓여야 비로소 하나님께서 그 분량이 충분하다고 생각하시고 응답을 주신다.[15]

복을 위해 기도하는 것이 이기적으로 보일지도 모릅니다. 그러나 복 중의 복은 하나님을 아는 것입니다. 하나님과 친밀히 교제하는 것입니다. 그런 면에서 우리의 인생을 복된 것에 투자하는 것은 지혜로운 일입니다.

내가 오로지 붙잡은
기도의 결과

나는 예수님을 믿고 기도를 배웠습니다. 하나님께서 나의 고

---

15 앤드류 머레이, 같은 책, p. 149.

난 속에서 자신을 가까이하게 하셨습니다. 나는 지난 30여 년을 하나님의 얼굴을 보는 것을 우선하며 살려고 힘써 왔습니다. 그분의 손을 붙잡고 걸어가려고 애를 썼습니다.

30년 전과 지금을 비교하면 나의 심령에는 엄청난 차이가 있습니다. 과거에 나의 영혼은 미약했습니다. 상처투성이였습니다. 부정적이고 원망이 많았습니다. 나 자신으로 가득 차 있었습니다. 다른 사람이 눈에 들어오지 않았습니다. 다른 사람을 돌아볼 줄 몰랐습니다. 쉽게 포기하려는 성향이 있었습니다. 꿈과 소망이 없었습니다. 믿음이 미약했습니다. 지혜롭지 못했습니다. 사람과 관계를 맺는 법을 몰랐습니다.

그러나 내가 붙잡은 것이 하나 있었습니다. 그것은 기도입니다. 기도 외에는 아무것도 붙들 것이 없었습니다. 오직 하나님을 붙들었던 것입니다.

천지를 지으신 하나님이 나와 교제하기를 원하신다는 소식을 듣고 마음이 설레었습니다. 그래서 매일 주님 앞에 나아갔습니다. 오랜 시간 머물렀습니다. 눈이 오나, 비가 오나 머물렀습니다. 그렇게 계속 기도했습니다. 아침에는 무릎을 꿇고 기도하고, 낮에는 걸어 다니며, 특히 이사야 58장의 말씀을 붙들고 기도했습니다.

1부 | 영광스러운 초대

네가 부를 때에는 나 여호와가 응답하겠고 네가 부르짖을 때에
는 내가 여기 있다 하리라 _사 58:9

30년이 지난 지금 나에게 많은 변화가 있음을 고백하지 않
을 수 없습니다. 더 견고한 믿음과 확신, 영혼의 기쁨, 꿈과 소
망과 비전이 있습니다. 사람을 이해하고, 용납하고, 공감하고,
격려하는 사랑의 능력이 생겼습니다. 지혜와 분별력과 영혼의
열매 등이 풍성하게 맺혀 있습니다. 이를 통해 하나님이 개입
하신 흔적들이 뚜렷함을 알 수 있습니다. 풍성한 열매를 경험
하고 있으며, 앞으로도 이루실 일들을 기대하고 꿈꾸며 살고
있습니다.

그러므로 누가 나에게 신앙의 덕목 중 하나를 꼽으라면 나
는 단연코 '꾸준한 기도'를 꼽고 싶습니다. 후배들에게 가장 물
려주고 싶은 덕목이 있다면 단언컨대 기도입니다. 기도는 영
원한 투자이며 영혼에 생명수를 대는 것입니다.

우리가 다 수건을 벗은 얼굴로 거울을 보는 것
같이 주의 영광을 보매 그와 같은 형상으로
변화하여 영광에서 영광에 이르니 곧 주의 영으로
말미암음이니라 _고후 3:18

영광스러운 습관

기도는 주의 영광을 보는 것입니다.
계속해서 영광스러운 주를 바라볼 때
성령께서 우리를 주의 형상으로 영광스럽게 변화시키십니다.
계속해서 주의 영광을 바라보기 위해서는 습관이 필요합니다.
이 습관은 기도라는 영광스러운 습관입니다.

10

기도가 영광스러운
습관이 되게 하라

성경은 은혜를 강조하지만, 훈련 또한 강조합니다. 그래서 경
건에 이르도록 훈련하라고 권면합니다(딤전 4:7). 경건은 훈련
이 필요합니다. 훈련은 습관을 필요로 합니다. 경건의 훈련을
위해, 기도는 하나님 앞에 나아가는 영광스러운 습관입니다.

영성가 리처드 포스터는 "훈련은 우리 자신을 은혜받는 자
리에 데려다 놓는 역할을 한다"라고 말했습니다. 은혜가 우리
를 변화시킵니다. 그러나 그 변화를 위해 우리는 우리 자신을
훈련하여 은혜의 자리에 머물게 해야 합니다. 이 훈련이 만드
는 것이 곧 습관입니다.

예수께서 나가사 습관을 따라 감람산에 가시매 제자들도 따라갔
더니_눅 22:39

습관을 심으면 인격을 낳는다는 말이 있습니다. 새뮤얼 스
마일스의 《자조론》에 나오는 말입니다. 그는 "생각을 심으면
행동을 낳고, 행동을 심으면 습관을 낳고, 습관을 심으면 인격
을 낳고, 인격을 심으면 운명을 낳는다"라고 말했습니다. 인격
이 습관에 의해 형성된다는 말입니다. 그래서 한 사람의 습관
을 보면 그 사람의 인격을 알 수 있습니다.

억지로 하지 말고 습관처럼 하라

성경에서 하나님께 크게 쓰임 받은 분들은 하나같이 좋은 습
관을 가지고 있었습니다. 대표적인 사람이 다니엘입니다. 다
니엘은 80세가 훨씬 넘은 나이에도 여전히 하루에 세 번 기도
하는 습관이 있었습니다(단 6:10). 또한 그는 말씀을 읽고 공부
하는 습관이 있었습니다(단 9:2). 평생학습의 습관이 있었던 것
입니다. 이러한 습관이 그를 끝까지 쓰임 받는 삶으로 인도했
습니다. 그의 습관이 그의 운명에 큰 영향을 미친 것입니다. 그

런 의미에서 기도는 그에게 영광스러운 습관이었습니다.

예수님도 습관이 있으셨는데, 기도하는 습관이었습니다. 예수님은 십자가로 나아가기 전에 제자들을 데리고 감람산 겟세마네 동산에 기도하러 가셨습니다. 습관대로 가신 것입니다. 특히 새벽에 기도하는 습관이 있으셨습니다(막 1:35). 중요한 일을 앞두면 더 기도하셨습니다. 하나님이셔서 그렇게 하실 필요가 없으셨지만, 제자들에게 본을 보여주기 위해 그렇게 하신 것으로 생각합니다. 예수님은 기도뿐 아니라 성경을 읽는 습관도 갖고 계셨습니다(눅 4:16).

습관은 인격을 나타냅니다. 예수님께서 '습관을 따라' 기도하러 가셨다고 할 때의 습관과, 예수님께서 '늘 하시던 대로', 즉 습관을 따라 회당에 들어가셔서 성경을 읽으셨다고 할 때 사용된 헬라어 단어는 각각 '에토스'(ethos)와 '에토'(etho)입니다. 모두 습관으로 해석되는 단어들입니다. 이 단어들은 고대 그리스의 수사학에서 사용되던 단어라고 합니다.

수사학에서는 말을 하거나 강연을 할 때 흔히 세 가지를 중요한 요소로 간주했습니다. 그 세 가지는 로고스, 파토스, 그리고 에토스입니다. 로고스는 이성을 의미합니다. 파토스는 열정을 의미합니다. 에토스는 인격을 의미합니다. 아리스토텔레스는 이 세 가지 수사적 요소 중에서 에토스를 가장 중요한 것으로 여겼다고 합니다. 정연한 논리가 있고 마음을 움직여 감동을 준다고 해도, 말하는 사람의 인격에 문제가 있다면 그 말에 설득되지 않기 때문입니다. 습관은 습관에서 끝나지 않고, 새뮤얼 스마일스의 말처럼 인격을 낳습니다.

기도하는 습관은 하나님을 경외하는 인격으로 만들어줍니다. 기도의 습관이 하나님을 찾는 습관인 것입니다. 하나님을 찾는 습관은 하나님을 최고로 존중하는 습관입니다. 하나님을 존중하는 습관은 곧 하나님을 경외하는 습관입니다. 하나님을 경외하는 습관은 우리 안에 하나님을 경외하는 성품을 깊게 형성시켜 줍니다. 하나님을 경외하는 것이 자연스러운 일상이 되게 합니다. 하나님은 그런 영혼을 기뻐하십니다. 그런 사람에게 복을 주십니다.

다윗은 시편 34편 9절과 10절에서 하나님을 경외하는 자의 복과 하나님을 찾는 자의 복이 같은 것이라고 노래합니다. 그 복은 좋은 것에 부족함이 없는 삶입니다.

최상의 복은 하나님을 경외하는 성품에서 옵니다. 하나님을 경외하는 사람은 곧 하나님 앞에서 겸손한 사람입니다. 하나님을 경외하는 겸손한 사람에게는 재물과 영광과 존귀가 따릅니다(잠 22:4). 하나님을 경외하는 것이 이 땅의 좋은 것을 누리는 비결입니다.

또한 하나님을 경외하는 사람은 성령의 충만을 받습니다. 하나님을 구하는 자에게 주시는 선물인 성령 충만이 하나님을 경외하는 자에게 주시는 선물인 것입니다(눅 11:13). 성령의 충만은 한 번의 은혜에 의한 것이 아닙니다. 하나님을 찾고, 하나님을 경외하는 습관과 인격 속에 부어지는 은혜입니다.

그러므로 성령 충만은 오랜 기간의 기도에 따른, 기도의 습관과 인격의 산물입니다. 또한 하나님을 최고로 존중히 여기는 사람에게 주시는 선물입니다. 기도하는 습관이 최상의 복을 누리게 하는 것입니다. 이 복은 다른 사람과 비교되는 복이 아니라, 한 사람이 누릴 수 있는 최상의 복을 의미합니다.

모든 사람이 자신에게 정해진 최상의 복을 누리는 것은 아닙니다. 하나님을 경외하는 사람만이 최상의 복을 누릴 수 있습니다. 하나님을 찾는 것을 최우선으로 하는 습관이 있는 사람만이 누립니다.

습관은 의지보다 크다

기도는 중요한 영적 훈련입니다. 기도하는 습관은 기도의 반복적 훈련으로 이루어집니다. 훈련이 은혜를 주거나 생명을 주지는 않습니다. 그러나 생명과 은혜의 수단은 됩니다.

> 영적 훈련은 단지 하나님께서 은혜로이 주시는 생명을 얻거나, 그
> 생명을 향해 성장하는 수단일 뿐이다. 그래서 훈련을 은혜의 수단
> 이라고 하기도 한다.[16]

습관은 의지보다 큽니다. 의지만으로 할 수 없는 큰 행동도
반복적인 습관으로는 가능합니다. 작은 행동이 반복되면 더
쉽게 큰 행동으로 발전시킬 수 있습니다. 반복에 의한 습관이
작은 의지를 모아서 큰 의지력을 만들어내는 기술인 것입니
다. 저명한 영성 작가 마크 부케넌이 "의지력보다 습관의 힘이
훨씬 더 세다"[17]라고 말한 것도 그런 이유에서입니다. 기도의
반복적 연습이 이런 차이를 만들어냅니다.

반복이 차이를 만들어낸다는 것은 영적인 원리라기보다 일
반적인 자연의 원리입니다. 일상에서 작은 행동의 반복이 큰
변화를 만들어내는 예는 참 많습니다. 존 맥스웰은 이를 '누적
효과'(복리 효과: compound effect)라고 불렀습니다.

---

16 존 오트버그, 평범 그 이상의 삶, 사랑 플러스, p. 70.
17 마크 부케넌, 열렬함, 규장, p. 216.

2부 | 영광스러운 습관

누적효과란 작고 현명한 선택이 이어져 큰 보상을 얻는 원리를 말한다. 그 과정에서 가장 흥미로운 점은, 결과가 엄청나도 거기에 이르는 단계에서는 그리 대단해 보이지 않는다는 것이다. 건강, 관계, 재정 등, 이 전략으로 향상하려는 대상이 무엇이든 그 과정에서 일어나는 변화는 너무 미묘해 거의 눈치챌 수 없을 정도다. 이렇듯 작은 변화에서는 즉각적인 결과도, 큰 성공도, 그럴듯한 보상도 얻지 못한다. 그런데 왜 굳이 신경 써야 하는 걸까?

대부분의 사람은 누적효과의 단순함을 견디지 못하고 포기한다. 예를 들면 일주일 동안 달리기를 한 뒤 몸무게가 그대로이면 도중에 그만둔다. 또 여섯 달 동안 피아노 연습을 했지만 '젓가락 행진곡'밖에 못 뗐다고 포기한다. 몇 년 동안 개인연금을 내다가 현금으로 쓰는 게 낫겠다 싶어서, 혹은 연금을 넣어 봤자 큰돈은 안 될 거라며 도중에 해약하기도 한다.

이들은 작고 무의미해 보이는 단계를 오랫동안 완수하다 보면 나중에 어마어마한 변화가 일어난다는 사실을 깨닫지 못한다. 매일의 습관을 바꾸지 않으면 인생도 절대 바뀌지 않는다.[18]

반복은 좋든 싫든, 날마다 계속할 때 효과가 있습니다. 세상

---

[18] 존 맥스웰, 사람은 무엇으로 성장하는가, 비즈니스북스, pp. 121-122.

에서 좋은 작품을 만든 대가들은 바로 이 반복의 기술, 즉 반복이라는 지혜를 사용할 줄 알았습니다. 이에 대한 좋은 예화 역시 존 맥스웰의 책에서 얻게 됩니다. 그는 음악가의 예를 다음과 같이 이야기합니다. 하나는 〈조스〉, 〈스타워즈〉, 〈레이더스〉 등의 영화음악을 작곡한 존 윌리엄스의 예이고, 다른 하나는 위대한 클래식 작곡가들에 관한 예입니다.

나는 아주 일찍부터 좋든 싫든, 날마다 곡을 쓰는 습관을 길렀다. 좋은 날도 있고 그렇지 않은 날도 있지만, 어쨌든 나는 날마다 하루를 충실히 보냈다는 생각이 들 때까지 곡을 쓴다. 영화 작업을 할 때는 당연히 주 6일을 일하고, 그렇지 않을 때도 내가 작게나마 공헌하고 있다는 느낌, 아니 그 과정에서 배우고 있다는 느낌이 드는 곳, 혹은 음악 프로젝트에 매진한다.[19]

위대한 작곡가는 영감을 받아 작곡을 시작하는 게 아니라, 작곡을 시작하고 나서 영감을 받는다. 베토벤, 바그너, 모차르트, 바흐는 모두 날마다 마음을 다잡고 눈앞의 일에 정성을 기울였다. 그들은 영감을 기다리느라 시간을 낭비하지 않았다.[20]

19 존 맥스웰, 같은 책, p. 124.
20 존 맥스웰, 같은 책, p. 124.

나는 어떤 영역에서든지 반복과 그 효과에 관한 이야기들을 모으기를 즐겨합니다. 최근에 글쓰기의 영역에서도 반복의 효과에 관한 좋은 예를 발견했습니다. 베스트셀러 작가 앤 라모트는 《쓰기의 감각》에서 글쓰기에 관하여 이렇게 말합니다.

'얼마간은 매일매일 써라.' 아버지는 항상 그렇게 말씀하셨다. '글쓰기는 피아노의 음계 연습하듯이 해라. 너 스스로 사전 조율을 하고 나서 말이다. 글쓰기를 체면상 갚아야 할 빚(노름 빚)처럼 다루어라. 그리고 일들을 어떻게든 끝맺을 수 있도록 헌신해라.'[21]

내 학생이 묻는다. '선생님은 어떻게 그런 걸 실제로 할 수 있죠?' 나는 말한다. 일단 책상 앞에 앉으라고. 당신은 매일 거의 똑같은 시간에 책상에 앉으려고 노력해야 한다. 그것이 당신의 무의식을 창조적으로 작동하도록 길들이는 방법이다. 그러니까 당신은 매일 아침 아홉 시라든가, 매일 밤 열 시에 책상 앞에 앉으면 된다. 타자기에 종이 한 장을 넣든가, 컴퓨터를 켜고 빈 문서를 연 다음, 한 시간가량 그것을 바라보는 것이다.[22]

21 앤 라모트, 쓰기의 감각, 웅진지식하우스, p. 24.
22 앤 라모트, 같은 책, p. 46.

어떤 분야에서든, 좋은 작품을 만드는 사람들의 특징은 좋은 습관을 만드는 것임을 알 수 있습니다.

기도의 임계점을 경험하라

습관과 반복은 일의 양과 열정을 반영합니다. 어느 정도 이상의 양이 채워진 다음에는 놀라운 결과가 나타나게 됩니다. 놀라운 변화가 일어나는 지점을 과학에서는 '임계점'이라는 용어로 표현합니다. 물이 섭씨 100도가 되면 갑자기 끓어 수증기로 변화되는데, 이 100도의 온도를 임계점이라고 합니다.

하나님께서는 자신이 창조한 자연의 법칙을 영적인 영역에서도 동일하게 사용하실 때가 있습니다. 기도에서도 임계점과 같은 현상을 볼 수 있습니다. 작은 기도가 모이고 모여서, 하나님의 큰 역사를 이루는 일이 있습니다. 꾸준한 기도를 통해 신비한 일들이 일어납니다. 이것이 기도의 습관이 중요하고, 꾸준한 기도가 중요한 이유입니다.

지금 돌이켜 보니, 하나님께서 내게 주신 가장 뚜렷한 은사가 있다면, 그것은 기도하는 은사입니다. 그중에도 '꾸준한' 기도의 은사입니다.

나는 기도를 유창하게 하지는 못합니다. 기도 인도도 잘하지 못합니다. 즉각적으로 나타나는 기도의 은사는 거의 없습니다. 그러나 한 가지, '꾸준히 기도하기'는 실천해왔습니다.

하나님께서는 나에게 기도할 수밖에 없는 절박한 환경에서 기도를 시작하게 하셨습니다. 그 이후 나는 계속해서 기도를 붙들었습니다. 이것은 전적인 하나님의 은혜라고 말할 수 있습니다. 예수님을 믿은 지난 33년간 이 은혜를 꼭 붙들며 살아왔습니다. 이 역시 은혜가 아니면 할 수 없었던 일입니다.

20대 후반에서 30대 초반까지 학교 캠퍼스에 있을 때는 비가 오나 눈이 오나 기숙사의 베란다에서 기도했습니다. 하나님과 교제할 수 있다는 것이 신기하기만 해서 기도하기 시작했습니다. 나의 인생을 하나님께 투자해보고자 하는 마음에서 기도한 것이기도 합니다.

특별한 목적을 가지고 기도한 것은 아닙니다. 하나님과의 교제가 소중하다는 것을 알았고, 그것에 우선순위를 두고 사는 삶이 복된 삶임을 알았기에 기도했습니다. 무엇보다 정한 시간, 정한 장소에서 기도했습니다. 일하는 낮에는 수시로, 마음으로 기도했습니다.

신비한 결과를 체험한
'기도의 간증'

7년간의 기도의 결과는 참으로 신비로웠습니다. 학위에 관하여 '모든 것이 끝났다'라고 할 절망적인 순간에 놀라운 반전이 이루어졌습니다. 그 반전의 순간은 기도하는 중에 찾아왔습니다. 하나님의 놀라운 개입이 있었습니다. 그로 인해 탁월한 결과로 졸업하게 되었고, 내게 가장 잘 맞는 배우자와 결혼하게 되었으며, 소원한 대로 선교사로 나가게 되었습니다.

30대 초반에서 중반까지는 선교지에서 동일하게 기도했습니다. 그곳은 선교가 금지된 국가여서 기도처가 없었습니다. 그래서 아침마다 방안에서 아내와 함께 기도했습니다. 몸이 매우 연약해져 있었지만, 기도는 쉬지 않았습니다. 틈만 나면 조깅을 하고, 체력을 키우며 기도했습니다. 이때 약 5년간의 기도의 결과는 풍성한 영혼의 열매였습니다. 그때 복음을 전하고 가르친 영혼들이 이제는 장성해서 훌륭한 주님의 일꾼들이 되어 있는 것을 볼 때 큰 보람을 느낍니다. 말씀으로 씨를 뿌리고, 기도로 물을 주었던 사역이었습니다.

30대 후반에서 40대 초반까지는 고립의 기간이었습니다. 그때 나는 원치 않은 방식으로 사역에서 떠나 있었습니다. 흔들리는 시기였고, 중년이라는 위기의 때였습니다. 그러나 그때도 기도는 쉬지 않았습니다. 습관을 따라 아침마다 기도하고, 또 기도했습니다. 그러던 어느 날 하나님의 놀라운 개입으로 회개가 일어났습니다. 나의 영혼을 새롭게 하시고, 새로운 사역으로 인도하셨습니다. 하나님께서는 나를 지역 교회 목회 사역으로 들어가게 하셨습니다. 나는 지난 15년간 선교단체와 선교지에서 배우고 익혀왔던 제자 삼는 사역을 이민 교회의 환경에서 마음껏 쏟아부었습니다.

40대 중반에 이민 교회에서 매우 효과적인 사역을 했습니다. 내게 잘 맞는 환경 속에서 사역을 펼치게 되었습니다. 담임목사님과 주위의 인정이 있었습니다. 열매가 풍성했습니다. 그때도 여전히 기도했습니다. 새벽기도 후에는 본당의 장의자 위에 무릎을 꿇고, 예전에 하던 대로 기도했습니다. 그러던 중 갑자기 청년 사역에서 장년 사역으로 옮기게 되었고, 행정 목사라는 타이틀을 얻어 큰 교회의 행정을 맡게 되었습니다. 이후로는 어른들을 위한 사역으로 전환하게 되었습니다.

40대 후반에서 50대 중반까지는 아들의 사춘기 방황이라는 위기 상황 속에서 늘 아침마다 기도하며 하나님께 부르짖었습니다. 숨을 몰아쉬면서 기도했습니다. 주님의 도우심을 간절히 구하면서 하루하루 기도했습니다. 전혀 변화되지 않는 상황에서도 계속해서 기도를 화살처럼 쏘아 올렸습니다. 답답해지면 사무실에 있다가도 수시로 뛰쳐나가, 거리의 담장을 끼고 걸으면서 기도했습니다.

그런데 하나님께서 나의 기도를 바꾸어 주셨습니다. "주여, 주여" 하고 부르짖기만 하지 말고 감사하는 기도를 하게 하셨습니다. 하나님을 신뢰하고, 믿음으로 감사하도록 하셨습니다. 하나님은 그때부터 역사하셨습니다. 나를 변화시키시고, 아들을 변화시키셨습니다. 기도의 양이 기도의 질을 변화시키는 순간이었습니다.

꾸준한 기도의 결과

계속해서 기도하는 사이에 어느덧 기도는 나의 습관이 되었습니다. 하나님을 찾는 것이 나의 마음의 습관이 되었습니다. 하나님을 경외하는 것이 습관이 된 것입니다. 그러자 하나님을 경외하는 자에게 주시는 약속들이 내 삶 속에 뚜렷이 나타나게 되었습니다.

꾸준한 기도의 결과는 항상 승리였습니다. 기도의 응답이 있었기 때문입니다. 그것은 약속의 성취였습니다. 지금 돌이켜 보니, 인생의 계절에서 20-30대에 기도를 많이 쌓아 놓는다면 40,50대에 보다 충만한 삶을 살 수 있고, 또한 큰 시련을 이길 에너지를 저축하는 결과를 갖게 됩니다. 20-30대에 쌓아 놓은 기도가 나중에도 계속 기도하는 삶을 살게 하는 원동력이 된다는 생각을 많이 하게 됩니다.

오랜 기도의 결과 중 하나는 안정되고 성령으로 충만한 심령입니다. 감사가 넘치는 심령입니다. 물 댄 동산 같고, 물이 끊어지지 않는 샘 같은 영혼의 상태가 되는 것입니다.

찬양하고 자백하고 감사하고 간구하라

사도 바울은 디모데전서 2장 1절에서 여러 종류의 기도를 나열했습니다. 간구, 도고(중보), 감사를 언급하고, 이 모든 것을 포함하는 간구의 기도를 언급했습니다. 이것을 영어 단어의 첫 글자를 조합해 ACTS식 기도라고 합니다. 여기에 찬양기도와 자백기도를 추가하면 대표적인 기도형식을 모두 포함하게 됩니다.

> 그러므로 내가 첫째로 권하노니 모든 사람을 위하여 간구와 기도와 도고와 감사를 하되 _딤전 2:1

2부 | 영광스러운 습관

나는 예수님을 믿고 처음으로 기도를 배울 때 ACTS식 기도를 배웠습니다. 그것을 지금까지 계속 기도의 형식으로 실천해왔습니다. 앞으로도 이 기도형식을 유지할 것입니다.

사도행전은 성령의 역사를 다룬 책이며, 동시에 기도에 의한 역사를 다룬 책입니다. 그래서 성령행전 혹은 기도행전으로 불리기도 합니다. 우연 같지만, ACTS식 기도와 사도행전이 모두 기도라는 공통분모를 갖고 있어서, 기억하고 발음하기가 쉽습니다. ACTS는 '사도행전'의 영어 표현과 같습니다. A는 찬양(Adoration), C는 자백(Confession), T는 감사(Thanksgiving), S는 간구(Supplication)입니다.

ACTS식 기도의 내용과 방법

찬양기도(Adoration)는 하나님의 어떠하심을 기억하고 높여드리는 기도입니다. 찬양의 내용은 하나님의 성품과 속성, 그리고 하나님께서 이루신 일들입니다. 찬양기도는 이 책의 2장 '… 하나님의 이름을 영화롭게 한다'에서 나누었습니다.

자백기도(Confession)는 하나님 앞에서 지은 죄와 잘못에 대해 용서를 구하는 기도입니다. 이는 6장 '… 긍휼의 통로'에서 나누었습니다.

감사기도(Thanksgiving)는 하나님께서 나와 공동체에 베푸신 은혜를 기억하며 감사를 표현하는 기도입니다.

간구기도(Supplication)는 남을 위한 간구인 중보기도와 자기 자신을 위한 간구로 다시 나뉩니다. 결국 ACTS는 찬양, 자백, 감사, 중보, 개인간구 등 다섯 가지 영역의 기도를 모두 포함합니다. 나는 이 다섯 가지 영역의 기도를 매일 해왔습니다. 물론 어느 날엔 주로 찬양과 감사만 하고, 어느 날은 자백만 하고, 어느 날은 중보만 하고, 어느 날은 간구만 하기도 합니다. 그러나 일반적으로 이 다섯 가지 영역으로 고르게 기도합니다.

나의 기도의 순서는 비교적 다양합니다. 대체로 나는 찬양과 감사를 함께 합니다. 감사기도를 하다가 찬양기도를 하고, 찬양기도를 하다가 감사기도를 하기도 합니다. 특별히 찬양기도를 하기 위해서는 말씀이 필요합니다. 그래서 나는 기도하기 전에 주로 말씀을 묵상하거나 새벽 설교를 듣습니다. 들은 말씀과 묵상한 말씀 속에서 하나님이 어떤 분이신가를 생각하며 찬양하면 찬양이 아주 풍성해집니다. 말씀 묵상 속에서 감사의 조건을 찾을 때도 있고, 최근의 삶과 어제의 삶에서 일어난 모든 일을 생각하며 감사기도를 드리기도 합니다. 이렇게 감사기도를 하면 수없이 많은 감사의 조건을 찾을 수 있습니다. 그러나 앞에서 여러 번 언급했듯이, 감사와 찬양은 서로 성격이 같을 때가 많습니다. 겹치는 영역이 있고, 감사와 찬양이 서로 조금씩 다르게 고유한 영역도 있습니다.

그 다음에는 자백기도를 합니다. 자백기도는 하나님께서 죄를 지적하시는 대로 내가 인정하는 것입니다. 하나님께서 내가 한 무엇이 죄 혹은 잘못이라고 말씀하시는 것을 따라 자백합니다. 나 스스로 무엇을 만들어 죄를 규정하지 않으려고 노력합니다.

그 다음으로 중보기도와 개인간구를 합니다. 이 두 기도는 기도노트를 가지고 합니다. 나는 매년 연초에 기도노트를 준비합니다. 중보의 제목과 간구의 제목을 컴퓨터에 입력하고 프린트하여 노트에 맞게 잘라서 붙입니다. 나의 기도노트는 작은 크기로 약 30페이지 정도 됩니다.

중보와 간구의 내용은 이러합니다. 나라들을 위해, 교회를 위해, 담임 목회자와 영적인 멘토들을 위해, 목회자들 한 사람 한 사람을 위해, 교회 직원들과 평신도 지도자들을 위해, 사역 부서의 사람들을 위해, 공동체와 목자들을 위해, 교회가 파송한 선교사님들을 위해, 세계로선교회 지도자들과 파송 선교사님들을 위해, 그동안 훈련하고 도와온 제자들을 위해, 동료 목회자들을 위해, 환우들을 위해, 전도 대상자들을 위해, 최근 진행 중인 성경공부나 제자훈련 반원들을 위해서 등등, 다양합니다. 이들 한 사람 한 사람의 이름을 모두 적어 놓고 기도합니다. 그 후에는 자녀들을 위해, 아내를 위해, 그리고 나의 개인 기도제목들을 놓고 기도합니다.

기도 생활이 계속될 때 변화하는 것

중보와 간구는 응답이 될 때까지, 같은 기도제목을 가지고 매일 반복하여 기도합니다. 어떤 기도제목의 경우는 요일별로 나누어 기도하기도 합니다. 개인기도를 할 때는 평생 약속의 말씀들과 목표를 위해, 그리고 1년의 약속의 말씀들과 목표를 위해 기도합니다.

내가 매일 간구한 기도제목 중에 '유머를 잘하게 되도록'이란 제목이 있고 '찬양(노래)을 잘 부르게 되도록'도 있습니다. 둘 다 응답되었다고 할 수 있습니다. 유머를 위한 기도의 응답에 대해서는 23장에서 자세히 다루었습니다.

찬양을 위해서도 5년 이상 기도했는데, 3년째부터는 기도만 한 것이 아니라 실제로 소리를 내어 자주 불렀습니다. 처음에는 완전 음치 상태에서 시작했습니다. 그러나 기도하면서 부르고 또 불렀습니다. 후에 훌륭한 성악가와 음악을 잘하시는 장로님, 권사님, 목회자들의 도움으로 음치 상태를 벗어나게 되었습니다. 하나님은 늘 이렇게 응답하셨습니다. 기도하고 열심히 노력할 때 은혜를 베푸셨습니다.

더디게 응답된 기도제목도 있습니다. 그것은 '영어를 잘하게 해달라'는 기도제목입니다. 나의 영어는 아주 느리게 진보하고 있습니다. 그러나 언젠가 뚜렷한 진보를 보이게 하시리라 믿습니다.

기도의 생활이 계속됨에 따라 뚜렷이 변화되는 부분이 있다면, 그것은 중보와 간구의 비중이 줄고, 감사와 찬양의 분량이 점점 많아진다는 점입니다. 처음에는 중보와 간구가 3분의 2 정도였다면, 지금은 감사와 찬양이 3분의 2가 됩니다.

나에게 기도는 그 자체로 하나님이 주신 선물입니다. ACTS식의 기도도 선물입니다. 이러한 기도를 통해 응답을 많이 받았고, 하나님의 임재를 충만히 누리며 살게 되었습니다. 내가 계속해서 하나님을 찾아 구하면 구할수록 심령이 가난해지는 것을 경험합니다. 하나님은 가난한 심령에 천국이 임하게 하신다고 약속하십니다(마 5:3).

12

감사기도는 기적을
경험하게 만든다

감사기도는 하나님께서 하신 일을 하나님 앞에 고백하는 것
입니다. 이스라엘 사람들은 시와 노래로 감사를 표현했습니다
(시 107, 시 136). 하나님께서 하신 일들을 기억하며, 그것을 고
백했습니다. 기억하는 것은 기념하는 것입니다. 인정하는 것
입니다. 기뻐하는 것입니다.

감사기도는 찬양기도이기도 합니다. 하나님을 높여드리는
기도이기 때문입니다. 시편 136편에서 '감사하라'로 사용된
단어는 히브리어로 '야다'로서, '감사하다'라는 의미와 '찬양하
다'라는 의미를 동시에 담고 있습니다. 실제로 이 단어는 '감사
하다'로 사용될 때보다 '찬양하다'(praise)로 표현될 때가 더 많

습니다. 시편 136편 1절은 하나님께서 하신 일을 고백하기보다 하나님의 인자하신 성품을 노래하고 있습니다. 시편 136편의 나머지 부분도 대부분 하나님을 찬양하는 노래입니다.

여호와께 감사하라 그는 선하시며 그 인자하심이 영원함이로다
_시 136:1

감사기도는 찬양기도이다

감사기도를 나타내는 유명한 구절인 시편 50편 23절의 "감사로 제사를 드리는 자가 나를 영화롭게 하나니 그의 행위를 옳게 하는 자에게 내가 하나님의 구원을 보이리라"(시 50:23)에서 감사는 '토다'인데, 이 단어의 어원이 바로 '야다'입니다. 그리고 영어성경(KJV)은 이것을 '찬양'으로 번역하고 있습니다. 야곱의 아들 중 찬양이라는 의미의 이름을 가진 유다의 히브리어 단어의 어원도 '야다'입니다. 히브리 사람들은 감사와 찬양을 같은 의미로 사용했다는 것을 알 수 있습니다. 찬양하라는 말을 '할렐'이라는 단어로 사용하기도 했습니다. 어쨌든 감사를 찬양으로 여겼다는 것은 분명합니다.

감사기도는 하나님과 하나님께서 하신 일을 기억함으로 그분을 기념하고 인정해드리는 것입니다. 하나님을 인정하고 높이는 기도이기에 하나님을 영화롭게 합니다. 그것을 통해 하나님을 빛나게 해드리며, 기쁘시게 해드리며, 그분께 영광을 돌리는 것입니다.

하나님을 기억하는 것은 하나님을 알아드리는 것입니다. '알다'라는 히브리어 단어 '야대'는 '감사하다'라는 단어 '야다'와 발음이 매우 유사합니다. 하나님을 알고 경험하면 우리는 감사와 찬양으로 반응하지 않을 수 없습니다.

'감사하다'라는 의미의 '야다'의 어원은 손이라는 뜻도 가집니다. 손을 높이 들어 하나님을 높여드린다는 의미입니다. 즉, 사람이 손을 들어 감사하고 찬양한다는 의미로서, 감사기도는 하나님을 높여드리는 찬양의 의미를 담습니다. 하나님에 대한 신뢰의 표현이기도 합니다.

감사기도는 하나님의 은혜에 기쁨으로 반응하는 것입니다. 신약에서 '감사'(빌 4:6)라는 헬라어는 '유카리스티아'로서, '호의나 은혜를 깊이 마음에 품는다' 혹은 '기분이 좋은'이라는 뜻을 갖습니다. 이 단어는 은혜와 기쁨과 아주 밀접한 관계가 있습니다. 하나님께서 주신 은혜에 대한 보답이며, 하나님께서 주신 은혜에 기쁨으로 반응하는 것을 의미합니다. 그래서 감사하는 것은 기뻐하는 것입니다.

앤 보스캠프(Ann Voskamp)는 이렇게 말했습니다.

감사할 수 있다면 기쁨은 늘 가능하다.[23]

하나님은 당신이 베푸신 은혜에 우리가 기쁨으로 반응하며 표현하는 것을 매우 기뻐하십니다. 하나님을 기뻐하는 것은 곧 하나님을 영화롭게 하는 결과를 낳습니다. 우리가 하나님을 영화롭게 할 때 하나님은 반드시 보답하십니다.

감사기도는 놀라운 역전의 결과를 낳습니다. 성경에서 감사기도는 많은 기적을 낳았음을 보여줍니다. 예수님은 오병이어의 기적에 앞서 감사(축사)하셨습니다(요 6:11). 다니엘은 사자굴에 들어갈 위험 앞에서 감사기도를 드렸습니다(단 6:10). 감사는 변화의 능력을 제공합니다.

감사는 기도의 반대편으로, 신적 사랑의 중심으로 안내한다. 세상과 나를 바꾸는 힘은 여기, 그분의 사랑 안에 있다. 기도가 진정 기도가 되려면, 무언가를 바꿀 힘을 가지려면, 먼저 감사해야 한다.[24]

23 앤 보스캠프, 나의 감사연습, 하나님의 임재연습, 사랑플러스, p. 52.
24 앤 보스캠프, 같은 책, p. 88.

감사가 변화를 일으킨다

나의 삶에서도 감사는 놀라운 기적을 경험하게 했습니다. 아들의 사춘기 방황이 끝나는 전환점은 하나님에 대한 신뢰 속에서 진정으로 감사를 올려드렸을 때였습니다.

아들은 미국의 고등학교 10학년 때부터 방황을 하기 시작했습니다. 학업을 도중에 포기하기를 수없이 하였고, 거친 언행과 담배와 게임에 빠진 채 수년을 보냈습니다. 나아질 가능성이 보이지 않고, 점점 심해져만 갔습니다. 그러던 중 집에서 내보내 스스로 독립하여 살아가도록 했습니다. 아들이 극적으로 변화되기 시작했습니다. 정신을 차리고 학교로 돌아가 열심히 살려고 노력했습니다. 그러나 오래 가지는 못했습니다. 한 학기를 마칠 때쯤 다시 자세가 흐트러지고, 예전처럼 게임 중독으로 돌아갔습니다.

당시 아내와 나는 터키로 단기선교여행을 하는 중이었습니다. 아들의 소식을 듣고 위기감을 심하게 느꼈습니다. 더는 어떻게 할 방법을 찾지 못하고 절망하였습니다. 그때 터키의 갑바도기아에서 밤에 산상기도회를 했습니다. 별을 보며 기도하는 중에, 하나님께서 염려가 죄임을 깨닫게 하셨습니다. 내가 하나님께 맡기지 못하고, 나 스스로 상황을 주관하려는 태도가 염려임을 마음에 지적하셨습니다. 나는 눈물을 흘리며 회개했습니다. 그날 이후 마음에 큰 평안이 찾아왔습니다. 그전까지 그렇게 염려를 떨치려 해도 떨치지 못했었는데, 그날부터는 쉽게 주님께 맡겨졌습니다. 주님께서 아들 안에 역사하실 것과 약속을 이루실 것을 믿는 믿음이 생겼습니다. 그리고 감사하게 되었습니다.

집으로 돌아오니 아들이 변해 있었습니다. 이제는 아들이 원망과 불평을 하지 않았습니다. 모든 것을 자신의 잘못으로 돌렸습니다. 그리고 새롭게 살고자 했습니다. 저에게 책을 소개해달라고 했습니다. C. S. 루이스의 책들을 소개해주었습니다. 책을 읽고서, 매주 집에 와서 깨달음을 나누었습니다. 신앙의 문제들을 해결하며 자신의 신앙에 대해 확신하게 되었습니다. 그리고 삶의 놀라운 변화를 보여주었습니다. 이때부터 부모에게 감사하다고 말하기 시작했습니다. 그 후 대학 생활을 열심히 했습니다. 모든 과목에서 A 학점을 받았고, 부모를 존중하는 태도를 보였습니다. 대학 생활을 우수하게 마치고 명문대의 대학원을 졸업하였으며, 지금은 미국의 손꼽히는 회계법인에서 직장생활을 잘하고 있습니다.

도움을 구하는 기도보다
감사하는 기도를

감사기도가 기적을 낳았습니다. 성령께서 아들을 회개하게 하셨고, 믿음을 주셨고, 감사하게 하셨습니다. 나와 아들의 삶에 기적을 만드셨습니다. 그 후 나의 기도하는 삶에 큰 변화가 생겼습니다. 이전의 기도 생활은 성령 안에서 무시로 도움을 간구하는 것이었습니다. 그러나 이 경험을 한 뒤부터 나의 기도 생활은 감사기도 위주로 바뀌었습니다.

아침마다 기도할 때, 기도 시간의 4분의 3은 감사와 찬양의 기도가 되었습니다. 낮에도 끊임없이 도움을 구하는 기도가 아니라 늘 주님께 감사하는 기도를 올려 드리게 되었습니다. 하나님께서 아들을 통한 고난을 허락하신 목적 중의 하나가 내게 감사를 가르치시려는 것이었음을 깨닫게 되었습니다.

윌리엄 로는 감사를 성숙한 성도의 표지로서 언급하고 있습니다.

누가 세상에서 가장 위대한 성도인지 아는가? 가장 많이 기도하거나 가장 많이 금식하는 사람이 아니요, 바로 늘 하나님께 감사하고 언제나 하나님을 찬양할 준비가 되어 있는 사람이다. 감사의 영을

갖는 것보다 더한 기적은 없다. 감사하는 영혼은 접하는 모든 것을 복되게 만들기 때문이다.[25]

데살로니가전서 5장 16-18절에 나오는 '항상 기뻐하라, 쉬지 말고 기도하라, 범사에 감사하라'라는 세 가지 명령이 '범사에 감사하라'라는 한 명령 안에 모두 포함되는 것임을 깨닫게 되었습니다. 기쁨, 기도, 감사는 같은 것임을 알게 되었습니다.

기도와 감사는 거룩한 동반자입니다. 기도하면 감사하게 됩니다. 왜냐하면 기도는 우리의 영안을 열어 주기 때문입니다. 무릎을 꿇으면 보게 됩니다. 무릎을 꿇는 사람은 서 있는 사람보다 오히려 더 멀리 보고, 더 깊이 보게 됩니다. 무릎을 꿇으면 현미경보다 세밀하게, 망원경보다 더 멀리 보게 됩니다. 하나님은 우리가 무릎을 꿇는 순간 영안을 열어 주십니다.[26]

---

25 한기채, 습관, 신앙을 말하다, 토기장이, p. 86, 재인용.
26 강준민, 감사는 숲을 담은 씨앗입니다, 토기장이, p. 103.

13

중보기도로 하나님의
개입을 요청하라

기도는 하나님의 개입하심입니다. 우리가 기도한다는 것은 하나님께서 우리 삶에 개입하신 증거입니다. 하나님께서 우리에게 개입하셨기 때문에 기도하는 것입니다. 우리는 스스로 하나님을 찾지 못합니다. 하나님께서 '간구하는 심령'(a spirit of supplication)을 주셨기 때문에 우리가 기도할 수 있습니다(슥 12:10). 또한, 우리가 기도하면 하나님께서 응답해주심으로써 우리의 삶에 개입하십니다.

중보기도는 기도를 받는 대상의 삶에 하나님의 개입을 요청하는 것입니다. 하나님께서는 우리로 하여금 먼저 중보하게 하시고, 그 중보기도를 들으신 후에 개입하십니다. 하나님께서 개입하셔서 한 개인을 변화시키시기도 하고, 때로는 공동체나 나라를 변화시키십니다. 하나님이 사역하시려면 반드시 중보기도가 선행되어야 합니다.

> 그러므로 내가 첫째로 권하노니 모든 사람을 위하여 간구와 기도와 도고와 감사를 하되 _딤전 2:1

하나님의 역사를 이루기 위하여

예수님은 영혼을 추수하는 일터에 추수할 일꾼이 적은 것을 보셨습니다. 그리고 제자들에게 요청하시기를, 추수하는 주인에게 추수할 일꾼을 보내달라고 중보기도를 하라고 하셨습니다(마 9:36-38). 사역의 현장에서 필요한 것은 하나님의 역사입니다. 하나님의 역사는 하나님의 사람들을 통해 이루어집니다. 하나님은 중보기도를 통한 요청을 들으시고, 비로소 사람을 보내십니다.

목회 현장이나 선교의 현장에서 누군가가 열심히 하나님의 일을 하고 있다면, 그것은 그보다 앞서 누군가가 그 사역 현장을 위해 많은 중보기도를 드린 결과입니다. 또한 그 중보가 사역 현장에서 계속되고 있어서 가능한 일입니다. 하나님의 사역에서 중보기도는 사역 현장에서 일하는 일꾼의 사역만큼이나 중요합니다. 아니, 그보다 더 중요할 때도 있습니다.

구약을 보면 전쟁을 하고 돌아온 군인들과 남아 있던 사람들이 탈취물을 동일하게 나누는 장면이 두 번 나옵니다. 이스라엘 백성이 광야에서 미디안 사람들과 싸워 승리한 후 많은 탈취물을 가지고 돌아왔을 때입니다. 그때 모세는 "그 얻은 물건을 반분하여 그 절반은 전쟁에 나갔던 군인들에게 주고 절반은 회중에게 주고"(민 31:27)라고 명합니다. 남아 있던 회중은 모세와 함께 중보기도를 했던 사람들을 의미합니다.

또 한 번은 다윗이 왕이 되기 전에 아말렉족과 싸워 잠시 빼앗겼던 아내와 자녀들을 되찾고, 많은 탈취물을 얻었을 때입니다. 그때 일부 병사들은 자신들과 함께 전쟁에 나가지 않은 남자들에게는 분깃을 주지 말자고 주장했습니다. 그러나 다윗은 그들에게 하나님께서 승리하게 하셨다는 것을 상기시키고, "전장에 내려갔던 자의 분깃이나 소유물 곁에 머물렀던 자의 분깃이 동일할지니 같이 분배할 것이니라"(삼상 30:24)라고 말했습니다. 이것이 나중에 이스라엘의 규례가 되었습니다.

백성들의 소유물 곁에 머물렀던 자들은 자신의 처자를 빼앗긴 상황에서 무엇을 했을까요? 그들은 전쟁하는 다윗과 군인들을 위해 간절히 중보기도를 했을 것입니다.

이보다 더 분명한 예는 출애굽기 17장에 나오는 이스라엘과 아말렉이 전투를 할 때의 일입니다. 모세가 중보기도의 손을 올릴 때는 여호수아가 이끄는 군대가 아말렉 군대를 이겼습니다. 그러나 중보기도의 손이 내려올 때는 아말렉 군대가 이겼습니다. 이 예는 중보기도가 전쟁의 승패에 얼마나 중요한 요인인지를 잘 보여줍니다.

중보기도의 사명을 감당해야 할 사람

예수님은 우리를 위해 항상 중보하십니다(히 7:25). 성령님도 중보하십니다(롬 8:26). 성경에서 모든 하나님의 사람들도 중보하는 사람이었습니다. 아브라함, 모세, 사무엘, 엘리야, 다니엘, 느헤미야, 바울, 베드로, 요한 등의 중보기도는 하나님의 마음을 움직였습니다. 때로는 하나님의 뜻을 바꾸기도 했습니다. 사무엘은 제사장으로서 중보를 쉬는 것을 죄로 여겼습니다(삼상 12:23). 하나님의 나라는 중보기도로 움직이는 나라입니다.

예수님은 죽은 나사로를 살리실 때 먼저 중보기도를 하셨습니다. 십자가에 달리기 전에 겟세마네 동산에서 기도하셨습니다. 제자들을 위해 중보하셨고, 제자들을 통해 예수님을 믿게 될 사람들을 위해 미리 중보하셨습니다. 그 중보의 결과로 우리가 지금 예수 그리스도를 믿고 있습니다.

우리의 중보기도는 천국에서 하나님 앞에 아름다운 향으로 올라갑니다(계 5:8, 8:3-4). 이는 구약 시대에 분향단에서 밤낮으로 향을 피워 올려드린 것과 같은 의미입니다. 향은 제사장의 중보기도를 상징합니다.

오늘날은 모든 성도가 왕 같은 제사장으로서 중보의 사명을 감당해야 할 책임이 있습니다. 역사적으로 영적 부흥은 항상 기도 운동과 함께 일어났습니다. 17세기 대표적 경건주의자였던 모라비안 교도들은 24시간 중보기도로 유명했습니다. 그렇게 기도한 그들은 선교단체가 생기기도 전에 이미 전 세계로 나가 선교했습니다. 그린란드까지 가서 복음을 전파했습니다. 제가 독일에 갔을 때, 그 나라의 경건주의 교회의 목사님을 만났습니다. 네팔에서 약 20년 동안 선교하고 독일로 돌아왔다는 그 목사님은 독일의 변화에 대해 이렇게 말했습니다.

"지금 독일의 경건주의는 기도와 선교를 잊어버렸습니다. 그것이 오늘의 현실을 맞게 했습니다."

한국의 부흥 운동이 기도 운동과 얼마나 밀접한 연관이 있는지, 우리는 신앙의 선배들로부터 자주 이야기를 들었고 눈으로 보았습니다. 100년의 한국 기독교 역사는 기도의 역사라 해도 과언이 아닙니다. 그 결과로 전 세계에 수많은 선교사를 파송하고 활발하게 선교하는 나라가 되었습니다.

한 영혼을 위한 중보기도는 사랑의 수고입니다. 어거스틴을 회심할 수 있게 한 어머니 모니카의 기도는 늘 우리들의 본보기가 됩니다. 어거스틴은《참회록》에서 자기 어머니의 기도에 대해 이렇게 말합니다.

> 주님께서는 높은 곳에서 손을 펴셔서 깊은 어둠 속으로부터 내 영혼을 끌어내 주셨습니다. 그것은 주님의 성실한 여종인 나의 어머니가 영적으로 죽은 자식을 위하여 울부짖는 세상 어느 어머니의 비통보다도 더 애절한 마음으로 나를 위해 기도해 주었기 때문입니다. 어머니는 죽어가고 있는 나의 영혼의 상태를 보면서 주님께 간청하였고, 주님께서는 그 기도를 들어주셨던 것입니다. 아, 이것은 엎드려 빌 때마다 땅을 온통 적셨던 어머니의 저 눈물의 힘이 아니고 무엇이겠습니까. 그렇지 않다면 마침내 그 소원을 이루어 주셨던 위로가 어디에서 주어졌겠습니까?[27]

---

27 어거스틴, 참회록, 예찬사, 1991, p. 75.

중보기도의 능력을 확신하다

하나님은 끈질긴 중보기도를 통해 놀라운 역사를 이루십니다. 특별히 한 영혼을 위해 애절한 마음으로 드리는 중보기도에 놀랍게 응답하십니다. 때로 하나님은 고통 속에서 중보하게 하십니다. 한 영혼을 구원하시기 위해 눈물과 통곡의 중보를 하게 하십니다. 나는 오래 기도 생활을 했지만, 간절한 마음으로 중보하지는 못했습니다. 그러나 아들의 10대 시절의 방황을 지켜보면서 눈물과 통곡으로 기도하지 않을 수 없었습니다. 6년간 단 한 순간도 잊지 못하고 아들을 위해 기도했습니다. 그 전에는 주로 나 자신을 위해 기도했습니다. 삶이 힘들어서 도움을 구하는 기도를 끊임없이 드렸습니다. 그러나 나이 쉰을 전후로 해서 찾아온 고난 앞에서 나는 나 자신이 아닌 아들을 위해 날마다 울부짖을 수밖에 없었습니다.

그러면서 제 마음속에 이번의 고통을 통해서는 반드시 중보기도의 능력을 경험하고 싶다는 간절한 소원이 있었습니다. 그동안 나 자신을 위한 기도에 항상 응답하신 하나님께서 이번에는 다른 사람을 위한 기도에도 응답하시는지를 경험하고 싶었습니다. 물론 하나님은 모든 기도에 응답하심을 알았지만, 그것을 실제로 경험하고 싶었습니다. 만일 그것이 현실이 되면 확신을 품고 다른 영혼들을 위한 중보기도를 할 수 있을 것 같았습니다.

기도할 때, 하나님의 약속을 붙들고 기도했습니다. 아들을 원수의 손에서 구원해주시기를(사 49:25), 큰일을 행하시기를(시 126:3), 광야 같은 마음이 아름다운 밭과 같은 마음이 되기를(사 32:15) 기도했습니다. 때가 되어 하나님께서 정말 꿈꾸는 것같이 놀라운 일을 이루셨습니다. 앞에서 간증한 것처럼, 아들에게 역전의 역사를 이루셨습니다.

하나님께서 이번에는 중보기도에 대한 간구에도 신실하게 응답하셨습니다. 하나님은 나의 중보기도를 통해 다른 사람의 영혼이 변화되는 데 영향을 미치게 하셨습니다. 이후 나는 중보기도의 능력을 확신하게 되었습니다.

오늘도 나는 기도노트에 수백 명의 이름을 적고, 매일 아침 기도 시간에 그 이름들을 불러가며 기도합니다. 그 모든 기도에 응답하실 것을 믿고 기도합니다. 이것이 나의 사역이 되었습니다. 하나님께서 그 모든 기도에 응답해주실 것을 믿고 기도합니다.

하나님의 약속을
붙들고 기도하라

느헤미야는 하나님의 약속을 붙들고 하나님께 기도하고 있습니다. 신명기 30장 2-4절에서 하신 약속을 기억하고 이루어 달라고 기도한 것입니다. 느헤미야는 하나님께서 약속을 이행하시는 데에 성실하시다는 사실을 잘 알고 있었습니다. 그는 약속에 성실하신 하나님을 믿었습니다. 하나님께서 약속하신 것을 능히 이루실 것을 확신하는 믿음이었습니다.

만일 내게로 돌아와 내 계명을 지켜 행하면 너희 쫓긴 자가 하늘 끝에 있을지라도 내가 거기서부터 그들을 모아 내 이름을 두려고 택한 곳에 돌아오게 하리라 하신 말씀을 이제 청하건대 기억

하옵소서 _느 1:9

사도 바울은 로마서에서 믿음을 "약속하신 것을 능히 이루실 줄 확신"하는 것으로 정의했습니다(롬 4:20,21). 그리고 그 본으로서 아브라함의 믿음을 소개했습니다.

아브라함은 도저히 바랄 수 없는 환경이었지만, 바랄 수 없는 중에 하나님의 약속을 굳게 믿어 이삭을 아들로 얻었습니다. 후에 하나님께서 이삭을 모리아 산에서 제물로 바치라고 하실 때, 그는 말없이 순종했습니다. 자신이 아들을 죽이더라도, 성실하신 하나님께서 약속을 따라 죽은 자를 다시 살리실 줄로 믿는 믿음으로 드린 것입니다.

아브라함은 시험을 받을 때에 믿음으로 이삭을 드렸으니 그는 약속들을 받은 자로되 그 외아들을 드렸느니라 _히 11:17

구약에는 초림하실 예수님에 대해 약속하시는 구절이 매우 많습니다. 그 모든 약속이 다 이루어졌습니다. 하나님은 약속하신 것을 반드시 이루십니다.

하나님은 사람이 아니시니 거짓말을 하지 않으시고 인생이 아니시니 후회가 없으시도다 어찌 그 말씀하신 바를 행하지 않으시며 하신 말씀을 실행하지 않으시랴 _민 23:19

이제 예수님이 다시 오실 것이 약속되어 있습니다. 하나님은 그 약속도 신실하게 이루실 것입니다. 이외에도 성경에는 수없이 많은 약속이 있습니다. 이 모든 약속도 언약에 성실하신 하나님께서 그리스도 안에서 모두 성취하실 것입니다.

하나님의 약속은 얼마든지 그리스도 안에서 예가 되니 그런즉 그로 말미암아 우리가 아멘 하여 하나님께 영광을 돌리게 되느니라 _고후 1:20

성경에서는 약속의 형태로 된 것들만 약속이 아닙니다. 명령도 약속입니다. 성경에 나오는 모든 명령에는 그것을 행할 때 주시는 약속이 담겨 있습니다. 더구나 명령을 수행할 수 있도록 도우시기 때문에 명령 그 자체로 약속이 됩니다.

십계명 중의 하나인 "도둑질하지 말라"라는 명령은 그리스도 안에서 "도둑질하지 않게 해주시겠다"라는 약속으로 받아도 됩니다. 우리가 그리스도와 성령을 의지할 때, 도둑질하지 말라는 명령에 순종할 수 있는 은혜를 받게 됩니다. 따라서 그

명령도 우리가 주장할 수 있는 약속이 됩니다.

객관적 약속과 주관적 약속

하나님의 약속은 두 가지로 나뉠 수 있습니다. 하나는 모든 성도들에게 주시는 객관적인 약속이고, 다른 하나는 성도 개인에게 주시는 주관적인 약속입니다. 예수님의 초림과 재림의 약속은 객관적인 사건에 대한 약속입니다.

　구원에 관한 약속과 삶의 원리 속에 나타난 약속도 누구에게나 적용되는 객관적인 약속입니다. 삶에 관한 여러 약속도 객관적인 약속들입니다. 그러나 그 모든 객관적인 약속이 모든 개인에게 주어지는 것은 아닙니다. 한 개인이 하나님과 동행하면서 어떤 시기, 어떤 상황에서 필요한 약속이 있습니다. 하나님께서는 그러한 약속을 개인적으로 주십니다. 우리는 그 약속을 성경을 통해 찾고 발견하여, 그것을 믿고, 그것을 붙들고 기도할 수 있습니다. 때로는 하나님의 임재 속에서 좀 더 직접적인 방법으로, 구체적인 성경 말씀이 아닌 음성의 형태로 약속을 주시기도 합니다. 그런 때라도 그 내용은 반드시 성경에 부합하는 것이어야 합니다.

창세기 12장 1-3절의 약속은 아브라함 개인에게 주신 주관적인 약속이었습니다. 물론 그 약속은 아브라함 이후에 하나님을 믿는 모든 자에게 주시는 객관적인 약속이 되었습니다. 하나님은 아브라함의 생애 동안 여러 번 개인적인 약속을 상기시켜주셨습니다. 하나님은 다윗에게 왕이 될 것과, 왕위가 장구할 것을 개인적으로 약속하셨습니다(삼상 16:13, 삼하 7:27-29). 사도 바울도 삶의 갈림길에서 약속을 받고, 사역의 방향을 이방인에게로 돌리게 됩니다(행 13:47). 이처럼 오늘날에도 하나님은 우리와 개인적인 교제 속에서 약속을 주시는데, 주로 성경을 통해 주십니다. 혹은 성경에 부합하는 내적 음성을 통해 주기도 하십니다.

신앙의 선배들은 하나님의 약속을 받고, 그 약속을 붙들고 믿음으로 기도하는 가운데 약속의 성취를 경험했습니다. 조지 뮬러는 하나님과의 개인적인 교제 속에서 약속을 받고, 그 약속을 붙들고 기도한 좋은 예입니다. 조지 뮬러는 1861년 11월 9일자 일기에 자신이 경험한 한 주간의 기도 응답을 소개하고 있습니다. 그날은 토요일이었습니다. 그 주간의 첫 번째 우편을 통해 들어온 후원금은 3파운드 19실링뿐이었습니다. 그런데 후원금을 받은 지 얼마 후 성경을 읽는 시간이 되었습니다. 뮬러는 이사야 26장 4절의 말씀을 읽게 되었습니다.

너희는 여호와를 영원히 신뢰하라 주 여호와는 영원한 반석이심
이로다 _사 26:4

그는 이 말씀을 붙잡고 기도하기 시작했습니다. 뮬러는 자
신의 모습을 그날의 일기에서 이렇게 기록하고 있습니다.

나는 성경을 앞에 놓고 무릎을 꿇고 이렇게 기도하기 시작했습니다.
"주 여호와 하나님, 영원한 반석이심을 믿습니다. 주님을 의지하오
니 영원히 주님을 의지하도록 도와주소서. 오늘이 지나기 전에 더
많은 도움의 손길을 보내주시고, 이번 주에는 지난주보다 더 많은
재정을 허락해 주옵소서. 요즘은 후원금이 적을 때가 많습니다. 주
여, 인도해 주옵소서."[28]

상황에 부합하는 말씀을 찾아보고
암송하며 기도하라

하나님의 약속을 받는 또 한 가지의 방법이 있습니다. 나의 상

---

28 조지 뮬러, 1861년 11월 9일 일기, 나관호, 성경 묵상이 만든 사람, 샬롬북스, p. 197.

황에 부합되는 성경 말씀을 찾고 그 말씀을 공부하여 자신의
상황과 필요가 맞을 때, 그 약속을 나의 약속으로 믿고, 붙들
고, 기도하는 것입니다. 이것은 모든 성경의 약속이 이미 그리
스도 안에서 성취된 것으로 믿고, 보다 주도적으로 약속을 찾
고 주장하는 방법입니다. 네비게이토선교회의 창시자 도슨 트
로트맨은 이와 같은 방법을 사용하여 하나님의 약속을 자신의
약속으로 삼고 주장했습니다.

성경을 암송하는 것과 말씀을 매일의 삶 가운데 적용하려는 노력으
로 하나님의 말씀이 자신의 삶 속에 깊이 침투되어 있었기 때문에
도슨은 성경의 무수한 약속을 자신의 것으로 삼을 수 있었습니다.
도슨은 자신의 약함에도 불구하고 하나님께서 아브라함에게 주신
약속을 자기의 것으로 주장할 수 있다고 굳게 믿었습니다. 물론 그
약속이 도슨 자신에게 직접 주어진 것은 아니었지만, 자신을 위해
기록된 것으로 확신했습니다.
도슨은 장기간에 걸친 성경 연구를 통해 '모든 약속은 나의 것이다.
나는 믿음으로 가능한 모든 약속 위에 나의 삶을 투자하겠다'라는
확신을 다지게 되었습니다. 그는 하나님의 약속을 자신의 삶뿐만 아
니라 세계 복음화를 위해서도 주장했습니다. 그는 인간의 약점과
불가능한 환경과 관계없이 하나님께서는 그분이 하신 약속을 반드

시 성취하시고야 만다는 사실을 절대적으로 믿었습니다. 그는 '믿음은 불가능한 환경 속에서 발걸음을 내딛는 연습을 통해서만 성장합니다'라고 즐겨 말했습니다.[29]

약속을 붙들고 주장하는 기도는 믿음 생활의 차이를 만듭니다. 많은 신앙인은 하나님의 약속을 골동품으로 만들고 사용하지 않습니다. 그러나 그 약속을 소중히 여기고, 그것을 사용하여 기도하고 믿는다면, 믿음 생활에 놀라운 진보를 가져올 수 있습니다. 그래서 스펄전은 이렇게 말했습니다.

만약 하나님께 버림받았다는 생각이 든다면, 주님이 우리에게 보인 모범을 따라 그대로 행하십시오. 하나님이 떠나셨다고 느껴질지라도 성경을 덮지 마십시오. 주님이 그러셨듯이, 성경을 펼쳐서 자신에게 적합한 말씀을 찾으십시오. 기도를 포기하지 마십시오. 주님처럼 계속 기도하고, 전보다 더 열심히 기도하십시오. 하나님에 대한 믿음을 놓지 마십시오. 오히려 계속 주님처럼 외치십시오. '나의 하나님, 나의 하나님!'[30]

29 도슨 트로트맨, 불타는 세계 비전, 네비게이토출판사, 1998, p. 41.
30 스펄전, 십자가의 능력, 예수전도단, p. 155.

나는 네비게이토선교회의 창시자 도슨 트로트맨을 통해 약속을 붙들고 기도하는 법을 배웠습니다. 하나님 앞에서 일생의 약속을 찾고 구하는 것을 배운 것은 나의 신앙 여정에서 보배와 같은 것이었습니다.

선교회에서는 초기에 자주, 말씀에서 일생의 약속을 찾고 주장한다는 이야기를 많이 들었습니다. '어떻게 일생의 약속을 찾고 주장할까?' 하는 의구심이 들었고, 한편으로는 호기심이 생기기도 했습니다. 그러던 중 캠퍼스에서 매우 어려운 상황 가운데 아침 큐티를 하다가, 창세기의 말씀이 나의 영혼에 깊은 감동을 주었습니다.

11하나님이 그에게 이르시되 나는 전능한 하나님이라 생육하며 번성하라 한 백성과 백성들의 총회가 네게서 나오고 왕들이 네 허리에서 나오리라 12내가 아브라함과 이삭에게 준 땅을 네게 주고 내가 네 후손에게도 그 땅을 주리라 하시고 _창 35:11,12

나는 이 말씀을 묵상하면서, 그 당시 내가 당하고 있는 어려움에 대한 주님의 메시지를 받았습니다. 아울러 그 말씀을 평생의 약속으로 믿고 주장하고 싶은 마음이 들었습니다. 그때부터 이 말씀을 평생의 약속으로 받아들이고 기도하기 시작했습니다. 나를 통해 많은 믿는 자들이 나오고, 그리스도의 제자와 일꾼, 나아가 지도자들이 나올 것이라는 약속으로 받아들였습니다. 내가 해야 할 부분은 하나님의 전능하심을 믿는 것과 복음을 전하는 것과 제자 삼는 삶을 사는 것이었습니다.

지금까지 약 30여 년을 이 말씀을 붙들고 기도해오고 있습니다. 뒤돌아보면 이 말씀은 늘 나의 일생의 이정표와 같은 말씀이 되어 나를 움직여 왔음을 고백할 수 있습니다. 나는 어디를 가나 복음을 전하는 것과 제자 삼는 것을 사명으로 알고 실천해왔습니다. 선교단체에서도 그랬고 선교지에서도 그랬습니다. 지역 교회의 목회 현장에서도 계속해서 이 약속을 믿고, 그 안의 명령을 따라 전도하고 제자 삼는 사역을 해왔습니다. 그리고 이 약속이 나와 후대를 통해 성취될 것을 매일 바라보며 살아가고 있습니다. 이미 누린 약속의 성취도 많습니다. 그러나 앞으로 성취될 것이 더 많아질 것을 바라보며 살아가고 있습니다.

나의 필요를 따라 붙든 말씀

내가 좋아서 붙든 약속도 있습니다. 위의 약속이 하나님께서 주신 약속이라면, 이사야서 58장 9-12절 말씀은 나의 필요를 따라 말씀을 공부하다가 붙든 말씀입니다. 그리고 30년 동안 계속 붙들고 기도하며, 이 말씀에 순종하며 살고 있습니다.

9네가 부를 때에는 나 여호와가 응답하겠고 네가 부르짖을 때에는 내가 여기 있다 하리라 만일 네가 너희 중에서 멍에와 손가락질과 허망한 말을 제하여 버리고 10주린 자에게 네 심정이 동하며 괴로워하는 자의 심정을 만족하게 하면 네 빛이 흑암 중에서 떠올라 네 어둠이 낮과 같이 될 것이며 11여호와가 너를 항상 인도하여 메마른 곳에서도 네 영혼을 만족하게 하며 네 뼈를 견고하게 하리니 너는 물 댄 동산 같겠고 물이 끊어지지 아니하는 샘 같을 것이라 12네게서 날 자들이 오래 황폐된 곳들을 다시 세울 것이며 너는 역대의 파괴된 기초를 쌓으리니 너를 일컬어 무너진 데를 보수하는 자라 할 것이며 길을 수축하여 거할 곳이 되게 하는 자라 하리라 _사 58:9-12

이 말씀에는 내면의 밝음, 인도, 영혼의 만족, 건강, 차고 넘치는 심령, 배가의 약속 등이 담겨 있습니다. 이 약속에는 내가 해야 할 일, 즉 기도와 부정적인 말을 버리고, 사랑과 공감과 격려의 말을 하는 것이 담겨 있습니다. 그리고 영적 세대를 이루기 위해 전도와 제자 삼는 일을 계속하는 것이 나의 할 일입니다.

이 약속을 붙들고 기도하기 시작한 것은 결혼 직후였습니다. 당시 아내가 이 약속을 붙들고 함께 기도하자고 제안했습니다. 당시 나의 내면은 매우 어두웠고 자신감이 없었습니다. 말이 긍정적이지 않았습니다. 건강은 매우 약했습니다. 그럼에도 우리 부부는 제자 삼는 사역을 함께 해야 했습니다. 나는 이 말씀을 공부하면서, 이 말씀을 붙들고 기도하고 싶은 마음이 생겼습니다. 그때부터 30여 년간 매일 기도했습니다.

이 기도를 시작한 지 약 15년쯤 되던 어느 날, 이 말씀을 가지고 기도하면서 뒤돌아보니, 이 약속 안에 있는 많은 것들이 이루어져 있음을 깨닫고 감사하게 되었습니다. 나의 내면은 많이 밝아져 있었습니다. 몸도 아주 건강해졌습니다. 이제는 건강으로 인해 그다지 염려하지 않게 되었습니다. 나의 심령은 매우 충만해졌습니다. 제자 삼는 사역을 통하여 많은 영적 세대를 이루어가고 있었습니다. 하나님의 신실하심을 찬양하지 않을 수 없었습니다. 이 약속의 말씀은 나의 인생을 특징짓는 또 다른 약속임이 분명합니다.

평생의 약속과 함께, 나는 매년 말이면 다음 해에 1년간 붙들고 기도할 약속을 찾습니다. 한 해를 뒤돌아보며 기도하는 가운데 나의 필요를 살피고, 거기에 맞는 말씀을 구합니다. 그 때 주시는 말씀을 공부해서 확인해보고, 약속으로 정하여 1년 동안 기도합니다. 때로는 어떤 삶의 이슈가 발생했을 때 그 이슈에 대한 약속을 찾고, 그것을 붙들고 기도합니다.

하나님께서는 약속을 붙들고 하는 기도에 응답을 주십니다. 하나님의 약속은 기도로 얻을 수 있는 황금열쇠입니다.

> 하나님의 약속들은 기도의 손으로 딸 수 있는 하나님의 황금 열매이며, 기도로 뿌리고 경작할 수 있는 하나님의 썩지 아니하는 씨앗이다.[31]

---

31 이 엠 바운즈, 이 엠 바운즈 기도전집, 크리스찬다이제스트, p. 311.

15

기도가 일상생활에서
중심이 되게 하라

다윗은 아침과 정오, 그리고 저녁에 기도했습니다. 그는 아침에 먼저 기도했습니다(시 5:3). 새벽을 깨우며 기도했던 것입니다(시 57:8). 예수님도 아침에 기도하는 습관이 있으셨습니다(막 1:35). 성경은 아침에 기도하는 것을 강조합니다. 그 시간은 방해받지 않고 하나님께 집중할 수 있는 시간이라 좋습니다.

> 저녁과 아침과 정오에 내가 근심하여 탄식하리니 여호와께서 내 소리를 들으시리로다_시 55:17

아침에 하나님을 찾는 것은 하나님을 향한 간절함의 표현입니다. "나를 간절히 찾는 자가 나를 만날 것이니라"(잠 8:17)에서 '간절히'의 원어 '샤하르'는 영어 표현으로 'seek early or earnestly' 혹은 'seek early or diligently'라고 되어 있습니다. 한글 성경은 '간절히'라는 단어에 각주를 달아서 '새벽에'라고 적고 있습니다. 이 단어는 간절히 찾는다라는 의미와 일찍부터(새벽에) 찾는다는 의미를 함께 가지고 있습니다. 일찍이 하나님을 찾는 것은 간절히 찾는 것을 의미합니다.

각자 기도하기 가장 좋은 시간을 찾으라

아침을 드리는 것은 가장 좋은 시간을 하나님께 드리는 것입니다. 첫 열매를 드리는 것과 같은 효과가 있습니다. 기도를 영적인 훈련의 중심에 놓는 것입니다. 영성가 리처드 포스터는 이렇게 말했습니다.

> 모든 영적 훈련 중에서 기도는 가장 중심이다. 왜냐하면 기도는 우리를 하늘 아버지와의 영원한 교제로 안내하기 때문이다.[32]

32 Richard Foster, Celebration of Discipline: The Path in Spiritual Growth (San Francisco: Harper and Row, 1978, p. 33.

그러나 그것이 반드시 그래야 하는 율법이 아닌 것도 사실입니다. 많은 영성가는 각자 기도하기 좋은 시간을 찾으라고 권면합니다. 영성 작가인 고든 스미스는 이렇게 말합니다.

(아침에 가장 먼저 기도하는 것보다) 더 좋은 원칙은 하루 중 '가장 좋은' 시간을 하나님께 드리는 것임을 깨달았다. 여기서 '가장 좋은' 시간이란 가장 정신이 맑아서 하나님께 가장 잘 집중할 수 있는 시간을 의미한다.[33]

주부들은 아침에 기도하기 어렵습니다. 자녀들을 학교에 보내다 보면 아침에는 바쁘기 마련입니다. 그 대신 자녀들이 학교에 간 이후에 기도의 시간을 갖는 경우가 많습니다. 특수한 직업을 가지고 있어서 아침이라는 시간을 드리지 못하는 경우도 있습니다. 그럴 때는 자기가 기도할 수 있는 적절한 시간을 찾아 기도해야 할 것입니다.

아침 시간이나 자신에게 가장 중요한 기도 시간 외에, 일상 속에서 기도하는 것이 필요합니다. 늘 기도하는 기도의 정신 속에서 살 때 우리의 일상과 일터는 신성한 것이 됩니다.

---

[33] Gordon T. Smith, On the Way: A Guide in Christian Spirituality, Colorado Springs: Nav Press, 2001, p71.

기도를 통해 우리는 그리스도와의 연합에서 흘러나오는 생명과 열매를 경험할 수 있다. 기도는 일부터 가사와 공부, 섬김, 휴식까지 삶의 모든 활동을 신성한 것으로 변화시킬 수 있다.[34]

느헤미야는 왕과 왕비가 대화하는 중에 마음속으로 쏜살같이 기도했습니다. 왕의 질문에 대답을 잘하기 위해 "내가 곧 하늘의 하나님께 묵도하고 왕에게 아뢰되…"(느 2:4,5)라고 말했습니다. 우리도 이러한 기도를 배워야 합니다. 일하면서, 대화하면서, 운전하면서, 언제든 하나님과의 의사소통의 채널을 열어놓고 하나님을 의식하며 기도할 때, 하나님께서 들으시고 응답하십니다. 때로 긴 시간의 기도보다 틈틈이 짧게 기도하는 것이 더 잘 맞는 사람도 있습니다.

긴 시간을 내는 것보다 하루 중 틈틈이 짧게 기도하는 것이 더 맞는 사람도 있다. 사막의 교부 존 카시안은 짧게 자주 기도하는 방법을 권장했다. 수도사들이 바구니를 짜거나 밭에서 일하는 동안에도 기도하라고 했다. 하나님을 늘 의식하며 일상에서 기도하는 법을 배울 수 있도록 하기 위해서였다.[35]

---

34 켄 시케마츠, 상황에 끌려다니지 않기로 했다, 두란노, p. 79.
35 켄 시케마츠, 같은 책, p. 81.

예수님은 낙망치 말고 '항상' 기도하라고 말씀하셨습니다(눅 18:1). 사도 바울은 "쉬지 말고 기도하라"(살전 5:17)라고 명령하며, 이것이 하나님의 뜻이라고 말했습니다(살 5:18).

일상에서 기도가 중심이 되게 하라

기도는 영적 훈련의 중심입니다. 영원하신 하나님 앞에 나아가는 것입니다. 은혜의 보좌 앞에, 지성소로 나아가는 것입니다. 기도는 그만큼 중요한 것입니다. 늘 기도하는 일상은 기도가 모든 영적 삶의 중심임을 보여줍니다. 하나님께서 기뻐하시는 것이 분명합니다.

영성가 리처드 포스터는 이렇게 말했습니다.

모든 영적 훈련 중에서 기도는 가장 중심이다. 왜냐하면 기도는 우리를 하늘 아버지와의 영원한 교제로 안내하기 때문이다.[36]

기도를 영성 생활의 중심에 두는 이유는 하나님으로부터 무

---

36 Richard Foster, 같은 책, p. 33.

엇을 얻기 위해서가 아니라, 하나님과의 관계를 더욱 깊이 하기 위해서입니다. 나아가 하나님께서 우리와 그렇게 친밀하게 동행하기를 원하시기 때문입니다.

부부가 서로를 알기 위해서는 많은 시간이 필요하다는 것을 부부들은 잘 압니다. 많은 시간의 결혼생활이 필요한 것이 아니라 많은 시간의 의사소통이 필요합니다. 마찬가지로 하나님과의 관계가 깊어지기 위해서 하나님과 많은 시간을 보내야 하는 것은 당연합니다. 예수님은 제자들과 1만 시간 이상의 시간을 함께했습니다. 존 오트버그는 예수님께서 제자들과 함께 한 시간을 이렇게 계산했습니다.

10시간 × 340일 × 3년 = 10,200시간의 제자훈련[37]

기도를 통해 하나님과 교제하는 시간을 가지면 가질수록 하나님과의 교제에 대한 열망이 커지게 됩니다. 더 기도하고 싶은 마음을 갖게 됩니다. 기도하는 것이 더 자연스러워집니다. 하나님의 능력에 대한 확신이 더욱 커지게 됩니다.

우리는 자주 기도함으로써, 매 순간 기도가 필요할 때마다 기도할 수 있게 됩니다. 우리는 자주 기도할수록 그만큼 더 기도하려고 생

---

37 존 오트버그, 관계훈련, 2018, 두란노, p. 39.

2부 | 영광스러운 습관

각하게 됩니다. 그리고 기도의 응답, 즉 우리의 요구에 대한 하나님의 반응을 우리가 체험할 때, 하나님의 능력에 대한 확신이 다른 삶의 영역 속으로 넘쳐흐르게 됩니다.[38]

일상 기도의 목적은 하나님의 아름다움을 경험하고 그분의 임재를 더 깊이 사모하는 것입니다. 하나님과 일상에서 끊임없이 대화하고 동행하는 것은 우리 영혼에 큰 기쁨을 가져다줍니다. 그러나 그 자체가 목적은 아닙니다. 중세의 유명한 수도사였던 로렌스 형제는 이렇게 말했습니다.

이 세상에서 하나님과 끊임없이 대화하는 것보다 더 감미롭고 즐거운 일은 없습니다. 그분의 임재를 연습하고 경험해본 사람만이 이것을 이해할 수 있습니다. 그렇지만 나는 당신이 그러한 동기로 그분의 임재를 연습하지 않기를 바랍니다. 우리가 원하는 것은 그분의 임재 그 자체이지, 그것이 주는 즐거움이 아니기 때문입니다. 그분은 우리를 자신에게 초청하셨고, 그렇기에 우리는 그분을 사랑합니다.[39]

---

38 달라스 윌라드, 영성훈련, 은성, p. 213.
39 로렌스 형제, 하나님의 임재를 연습하라, 도서 출판 세북, p. 33.

기도의 삶이 나에게 가져다준 가장 큰 복은 하나님에 대한 깊은 인식과 하나님을 더욱 사모하는 마음입니다.

아침에 무릎 꿇은
2만 시간의 결과

내가 아침에 무릎 꿇고 드린 기도의 시간을 계산해보니 약 2만 시간 정도가 됩니다. 낮에도 계속해서 주님을 찾고 부르짖는 삶을 살았습니다. 삶이 힘들어서 그렇게 간절히 찾았지만, 그 자체가 축복이자 은혜의 선물이었습니다. 기도를 통해 주님이 동행하심을 깊이 확신하게 되었습니다. 그로 인해 기쁨과 즐거움이 점점 더해졌습니다. 또한 수많은 기도의 응답을 누렸습니다. 그러나 시간이 지날수록 신비로운 체험은 점점 줄어들게 됩니다. 일상에서 함께 하시는 하나님을 의식하며 사는 것이 가장 큰 복으로 여겨지게 됩니다. 일상의 충만이 곧 성령의 충만으로 여겨지는 것입니다.

나는 기도 생활을 통해 나름대로 기도에 대한 정의를 새롭게 갖게 되었습니다. 기도는 하나님을 기억하는 행위입니다. 하나님을 기억하여 찬양을 드리고, 하나님께서 행하신 일에 감사하고, 하나님 앞에 행한 죄를 기억하여 자백하고, 하나님의 약속을 기억하고, 하나님께 간구를 올려드리는 것입니다. 하나님과 동행한 과거를 기억하고, 또한 장래의 약속을 기억하는 것입니다. 하나님을 기억하다 보니 하나님께서 나의 삶 깊숙한 곳에 거하여 계신다는 확신이 듭니다. 그분께 모든 것을 내어드릴 수밖에 없는 상태가 되어가는 것을 느낍니다. 하나님을 기억하며 사는 것은 영원을 사모하며 사는 것임을 알게 됩니다. 그리고 그것이 이 땅에서 진정한 행복을 가져다준다는 것을 깨닫게 됩니다.

하나님은 자신을 찾는 자에게 상을 주십니다. 기도라는 영광스러운 초대에 응하는 자들을 영광스럽게 만들어주십니다. 그러므로 기도는 영적, 육체적 후손들에게 가장 물려주고 싶은 유산입니다.

"가장 위대한 유산은 기도를 물려주는 것이다."[40]

---

40 이블린 크리스텐슨

나는 포도나무요 너희는 가지라 그가 내 안에, 내가
그 안에 거하면 사람이 열매를 많이 맺나니 나를
떠나서는 너희가 아무 것도 할 수 없음이라
너희가 열매를 많이 맺으면 내 아버지께서 영광을
받으실 것이요 너희는 내 제자가 되리라 _요 15:5,8

3부

영광스러운
열매

기도는 영광스러운 열매를 많이 맺게 합니다.
열매를 많이 맺으면 하나님께서 또한 영광을 받으십니다.

16

기도는 영광스러운
열매를 맺는다

아프리카 초원의 왕인 사자도 먹잇감을 못 찾아 굶주릴 때가 있다고 합니다. 《사자도 굶어 죽는다》[41]라는 책에서 초원의 사자들은 힘을 낭비하지 않기 위해 병약하거나 어린 새끼 동물들을 주로 추격한다고 합니다. 그래도 성공하는 확률이 30퍼센트밖에 안 된다고 합니다. 아프리카 남쪽에 있는 칼라하리 사막에 사는 사자들의 생존율은 겨우 10퍼센트 정도에 불과하다고 합니다. 이해하기 힘들지만 사실입니다. 그리고 보면 다윗이 지은 시편 34편의 말씀은 사실입니다.

---

41 서광원, 사자도 굶어 죽는다, 위즈덤 하우스, p. 30.

젊은 사자는 궁핍하여 주릴지라도 여호와를 찾는 자는 모든 좋은 것에 부족함이 없으리로다 _시 34:10

이 시는 사울을 염두에 두고 지은 것입니다. 사울은 사자와 같은 왕이었습니다. 사자는 세상에서 능력 있는 사람을 비유합니다. 사울에게는 권세가 있었습니다. 그러나 그도 연약한 인간이고 한계가 있는 존재임을 다윗은 일찍이 알았습니다. 비록 자신은 사울에게 쫓겨 다니고 있지만, 하나님을 찾는 자는 결국 승리한다는 것을 믿음으로 노래한 것입니다.

여기에서 '좋은 것'이란 승리를 의미합니다. 환난에서 건져지는 승리이며, 하나님의 보호하심을 덧입는 역전의 승리입니다. 하나님께서 사울과 다윗의 싸움에 개입하셔서 주실 놀라운 승리입니다.

인생에서 승리만큼 좋은 것은 없습니다. 다윗은 얼마 후 이 승리를 경험했습니다. 그는 사울이 쫓겨난 지 13년 만에 극적인 결말을 보았습니다. 그로부터 7년 후, 하나님의 약속이 온전히 성취되어 통일된 이스라엘의 왕이 되었을 때 정말 '좋은 것'을 경험했습니다. 그것은 인생의 승리이며, 더 나아가 하나님 약속의 성취였습니다. 하나님께서 다윗의 삶에 개입하셔서 이루신 하나님의 승리였습니다.

다윗이 승리한 비결

다윗에게 승리의 비결은 하나님을 찾는 것이었습니다. 다윗은 사울과 비교해서 가진 것이 너무 없었습니다. 초라했습니다. 병사도, 무기도 없었습니다. 그러나 그에게는 만군의 여호와 하나님의 이름이 있었습니다. 다윗은 그 이름을 의지하여 골리앗을 넘어뜨린 적이 있었습니다. 그 이름을 의지하고 그분의 얼굴을 찾는 것이 그의 유일한 무기였습니다. 그래서 그는 그분 앞에 나가고, 또 나갔습니다.

하나님을 '찾는다'라는 것은 하나님을 '자주 방문한다'라는 의미라고 앞에서 언급한 바 있습니다. 히브리어의 '다라쉬'라는 단어의 첫 번째 의미는 영어로 'resort' 혹은 'frequent'입니다. 이는 모두 '자주 방문한다'라는 의미입니다.

어려울 때만 한두 번 하나님을 찾는 것이 아닙니다. 자주 하나님을 방문하는 것입니다. 자주 찾고, 자주 구하고, 자주 두드리고, 자주 부르짖는 것입니다. 이것은 하나님을 방문하는 것이 다윗의 삶에서 다른 어떤 것보다도 가장 중요한 습관이 되어 있는 것을 의미합니다.

우리는 소중한 사람을 자주 찾습니다. 의지하는 존재를 자주 찾아가는 것입니다. 마찬가지로, 하나님을 자주 찾는 것은 하나님을 가장 소중하게 여기고, 가장 중요한 존재로 여기는 태도를 의미합니다. 그래서 시편 34편 9절에서는 "너희 성도들아 여호와를 경외하라 그를 경외하는 자에게는 부족함이 없도다"라고 말씀하였습니다. 하나님을 찾는 것과 하나님을 경외하는 것의 결과(약속)는 같습니다. 하나님을 찾는 것과 하나님을 경외하는 것을 같은 의미로 사용합니다. 경외하기 때문에 자주 찾아 방문하는 것입니다.

나도 일평생 하나님을 찾으며 살았지만, 가장 기억에 남는 일은 예수님을 믿은 초기의 일입니다. 학업의 압력, 사역의 압력, 관계의 압력이 많았던 시절이었습니다. 절박한 상황이었습니다. 새벽마다 일어나 기숙사 2층 발코니에서 하나님을 찾고 또 찾았습니다. 그리고 형제들을 깨워 다시 어두움을 뚫고 캠퍼스 뒷산에 함께 올라가 기도했습니다.

기도를 마치고 산에서 내려와 동아리 방에 모여 함께 말씀을 묵상했습니다. 새벽 3시에 일어나 동아리 방을 나서면 7시였습니다. 낮에도 실험과 연구가 진척이 없어 남몰래 하나님을 찾고 또 찾았습니다.

밤에는 전도, 성경공부, 제자훈련, 리더 모임으로 매일 조금도 쉴 새가 없었습니다. 늦은 밤 기숙사로 들어가면서 달이 떠 있는 모습을 보며 깜짝 놀랐던 기억이 납니다. 눈을 들어 달을

본 것이 정말 오랜만이었기 때문이었습니다. 그러나 사역도, 학업도, 눈에 보이는 열매가 없이 수년을 지나야 했습니다. 그래도 기도하며 끝까지 견디고, 견뎠습니다.

하나님을 자주 찾은 결과의 열매

그러기를 7년째 되던 해, 하나님께서 갑자기 문을 열어 주셨습니다. 정말 좋은, 아니 최선의 결과로 학위 과정 졸업이 확정되었습니다. 당시의 결과는 그 분야에서 세계적인 영향을 미치는 것이었습니다. 당시에 썼던 논문이 미국 응용물리학회지에 실렸고, 30여 년이 지난 지금도 국제적으로 인용되며, 누적 인용 회수가 400회가 넘는 논문이 되었습니다.

졸업이 확정된 후, 전혀 예상치 못한 방법으로 뜻밖의 결혼으로 인도하셨습니다. 그리고, 꼭 가고 싶어서 기도했던 중국 선교의 길을 가게 하셨습니다. 한순간에 모든 문을 열어주셨습니다. 나는 아직도 기도할 때 이 놀라운 일을 이루신 신실하신 하나님을 자주 기억하며 감사합니다. 하나님은 자신을 자주 찾아 방문하는 사람에게 좋은 것을 주시는 분이십니다.

이후에도 여러 번에 걸쳐 인생의 굴곡을 경험하면서 나에게 가장 중요한 삶의 비결이 있다면, 그것은 하나님을 찾는 것이었습니다. 그때마다 새롭게 하나님을 만났습니다. 그리고 변화되었습니다. 하나님을 찾은 가장 큰 선물은 하나님을 더 새롭게 알아가는 것이었습니다.

기도는 인내의 열매를
맺게 해준다

기도는 인내의 열매를 맺게 합니다. 야고보 장로는 여러 가지 시험을 당하는 성도들에게 인내를 온전히 이루라고 권면합니다. 인내를 이루기 위해서는 기도해야 합니다.

2내 형제들아 너희가 여러 가지 시험을 당하거든 온전히 기쁘게 여기라 3이는 너희 믿음의 시련이 인내를 만들어 내는 줄 너희가 앎이라 4인내를 온전히 이루라 이는 너희로 온전하고 구비하여 조금도 부족함이 없게 하려 함이라 _약 1:2-4

인내는 견디는 것입니다. 더위와 추위를 견디는 것이 인내입니다. 인내로 불화살의 공격을 견뎌냅니다. 상처로 인한 아픔과 고통을 견뎌냅니다. 우리의 마음을 짓누르는 압력을 견딥니다. 더러움과 악취를 견뎌내는 것이 인내입니다.

인내는 참는 것입니다. 무엇보다 분노를 참아내는 것입니다. 악의를 참습니다. 욕을 참습니다. 복수를 참습니다. 괴로울 때도 입을 열지 않습니다. 거짓말과 변명을 참습니다. 잠잠한 어린 양이 되는 것입니다(사 53:7).

인내는 기다리는 것입니다. 무엇보다 하나님의 정의를 기다리는 것입니다(사 30:18). 하나님 약속의 성취를 기다립니다. 하나님의 섭리를 기다립니다. 하나님이 승리하게 하심을 기다립니다. 하나님 나라와 그 통치를 기다립니다. 인내는 이렇게 소망 속에서 기다리는 것입니다.

소망은 기대하는 것이다

소망의 헬라어 '엘피스'(elpis)는 기대한다는 뜻입니다. 소망은 기대하는 것이며, 인내는 기대하며 기다리는 것입니다. 하나님을 기대하며, 즐거이 기다리는 것입니다. 고통을 견디고 참는 가운데, 소망을 품고서 복된 결말을 기다리는 것이 바로 인내입니다.

기다림은 멈춤을 의미하지 않습니다. 인내는 소망을 품고서 계속해서 전진하는 것입니다. 가야 할 목적지를 향해 천천히 걸어가는 것입니다. 현실의 환경은 비록 빨리 뛰어갈 수 없을지라도 걸어갈 수는 있습니다. 어둠 속에서도 깜깜하지만 계속 앞으로 걸어가는 것입니다.

인내는 하던 일을 계속하는 것입니다. 빗발치는 불화살과, 쏟아붓는 소나기 속에서는 많은 일을 할 수 없습니다. 그러나 해야 할 일을 계속할 수는 있습니다. 우리는 아무리 힘든 상황일지라도 아침에 일어나 기도하는 일은 계속할 수 있습니다. 하나님의 말씀을 계속 읽고 묵상할 수 있습니다. 하나님을 계속 예배할 수 있습니다. 교회 생활을 계속할 수 있습니다. 맡겨진 사역을 계속할 수 있습니다. 가정에서의 역할을 계속할 수 있습니다. 직장에서 맡겨진 일을 계속할 수 있습니다. 주어진 관계를 계속 유지할 수 있습니다. 착한 일을 계속할 수 있습니다. 하나님의 말씀에 순종할 수 있습니다.

간혹 새로운 일을 시도하지 못할 수도 있습니다. 원대한 꿈과 계획을 펼칠 여력이 없을 수도 있습니다. 그러나 장래에 대한 기대 속에서 하던 일을 계속할 수는 있습니다. 고통 속에서라도 하나님의 손을 붙들고 천천히 전진하는 것이 인내입니다. 고난 속에서 하나님과 동행하는 것, 이것이 인내입니다. 헨리 나우웬도 인내를 현재에 충실한 것으로 정의했습니다.

> 인내란 지금, 이 순간에 충실하여 현재의 의미를 온전히 경험한다는 뜻이다.[42]

인내는 아름다운 결말을 보게 합니다. 하나님의 복을 경험하게 하는 것입니다(약 1:12). 좋은 일이 오는 것을 보게 합니다. 부활을 경험하게 합니다. 하나님 나라의 정의를 경험하게 합니다. 약속의 성취를 경험하게 합니다(히 6:12). 인생의 승리와 역전을 경험하게 합니다. 회복의 은혜를 경험하게 합니다. 그러므로 인내는 풍부한 삶의 비결입니다(시 66:11-12).

인내는 성숙한 사람이 되게 합니다(약 1:2-4). 좋은 성품, 즉 성령의 열매를 얻게 합니다(롬 5:3-5). 그리스도 앞에서 칭찬과 영광과 존귀함을 얻게 됩니다(벧전 1:6-7).

하지만 인간의 힘과 노력으로는 인내하는 삶을 살 수 없습니다. 우리의 성품으로는 고난 속에서 참고 견디며 기다리는 일이 어렵습니다. 포기하지 않고 앞으로 계속 전진하는 것이

---

42 헨리 나우웬, 예수의 길, 두란노, 2020, p. 163.

어렵습니다. 하던 일을 계속하기란 좀처럼 쉽지 않습니다. 이것은 위로부터의 능력이 임할 때 가능합니다.

우리는 기도할 때 인내의 능력을 얻습니다. 그래서 하나님은 우리가 고난 속에 있을 때 기도를 요청하십니다(시 50:15). 기도를 통해 도우신다고 약속하셨습니다. 기도하면 건져주시겠다고 약속하셨습니다. 결국 그것을 통해 하나님께 영광을 돌리게 된다고 말씀하셨습니다. 그러나 이 기도는 한 번의 기도가 아님을 알아야 합니다. 꾸준한 기도를 통해 인내의 과정을 거치게 하시려는 하나님의 계획인 것입니다. 기도할 때 하나님은 우리의 소원을 당장 이루시지 않고, 먼저 인내를 가르쳐주십니다. 꾸준한 기도를 통해 우리가 인내할 수 있도록 도우십니다. 인내의 과정을 거쳐 소망 가운데로 나아가게 하십니다.

> ³다만 이뿐 아니라 우리가 환난 중에도 즐거워하나니 이는 환난은 인내를, ⁴인내는 연단을, 연단은 소망을 이루는 줄 앎이로다 ⁵소망이 우리를 부끄럽게 하지 아니함은 우리에게 주신 성령으로 말미암아 하나님의 사랑이 우리 마음에 부은 바 됨이니
>
> _롬 5:3-5

기도는 예수 그리스도를 바라보는 것입니다. 우리는 기도할 때 예수님의 인내를 배울 수 있습니다. 기도는 예수님께서 십자가에서 당하신 고난을 기억하게 합니다. 예수님의 인내를 기억하게 합니다. 기도를 통해 우리는 예수님께서 고통을 견디고 수치를 참으신 것을 배웁니다. 부활을 기대하며 즐거움으로 고난을 참으신 것을 배웁니다.

믿음의 주요 또 온전하게 하시는 이인 예수를 바라보자 그는 그 앞에 있는 기쁨을 위하여 십자가를 참으사 부끄러움을 개의치 아니하시더니 하나님 보좌 우편에 앉으셨느니라 _히 12:2

기도는 예수님께서 십자가를 지시고, 천천히 골고다 언덕까지 전진하셨던 것을 기억하게 합니다. 마지막 사명을 마치신 후 "다 이루었다" 하시며 돌아가신 예수님을 기억하게 합니다. 예수님의 인내를 배울 뿐 아니라. 겟세마네 동산에서 기도하셨던 예수님을 배우게 합니다(눅 22:39-46).

기도는 예수님께서 기도를 통해 십자가의 고난을 인내할 능력을 얻으신 것을 기억하게 해줍니다. 기도하면 그리스도의 인내의 능력이 우리 안에 부어지게 됩니다.

기도하면 성령께서 말씀을 깨닫게 도우십니다. 우리 자신의 연약함을 깨닫게 하십니다. 하나님의 능력을 깨닫게 되며, 하나님의 약속을 깨닫게 됩니다. 기도하면 하나님께서 어떻게 약속을 이루어 오셨는지도 깨닫게 됩니다. 기도하는 가운데 우리의 능력은 작아지고, 하나님이 크게 보이게 됩니다. 그래서 인내하며 나아갈 힘을 얻게 됩니다.

하루를 인내할 능력을 얻게 된다면

아침에 기도하면 그날 하루 인내할 능력을 공급받습니다. 살다 보면 고난의 기간이 때로는 수개월, 때로는 수년, 때로는 수십 년이 될 수도 있습니다. 출애굽 한 이스라엘은 광야 40년 고난의 길을 가야 했습니다. 아브라함은 약속의 자녀 이삭을 얻을 때까지 25년이 걸렸습니다. 다윗은 사울의 추적을 10년 이상 피해 다녀야 했습니다. 요셉도 애굽에 팔려간 후 10년 이상 긴 세월을 견뎌야 했습니다.

비록 고난의 터널을 빠져나가는 데는 많은 시간이 걸리지만, 기도하는 사람은 그날 하루를 견딜 능력을 얻습니다. 고난 중에 형통한 삶을 누릴 능력을 얻습니다.

요셉은 보디발 장군의 집에서 종노릇 하는 고난의 삶을 살았지만, 하나님과 동행함으로 형통함을 누렸습니다(창 39:2). 이때 형통이라는 히브리어의 뜻은 '전진한다'입니다.

요셉이 당장 국무총리가 되지는 않았습니다. 그러나 그는 고난 중에도 전진할 수 있었습니다. 그 비결은 하나님의 함께 하심이었습니다. 우리는 기도함으로 하나님의 임재를 경험하며, 어려움 중에도 전진할 힘을 얻습니다. 해야 할 일을 할 수 있는 힘을 공급받습니다. 순종의 능력을 공급받습니다. 하루를 주님과 동행하는 능력을 공급받습니다.

기도하다 보면 문제는 작아지고, 하나님과 하나님이 주시는 비전이 커집니다. 인내의 과정에서 우리의 관점이 점차 변하게 됩니다. 나의 문제를 벗어나 하나님과의 약속을 보게 됩니다. 그래서 문제를 해결해주실 하나님을 바라보게 됩니다. 나아가 문제를 통해 이루실 일을 기대하게 됩니다. 하나님의 비전을 보게 됩니다. 고난 중에도 기뻐하는 법을 배우게 됩니다.

다윗은 사울의 추격을 피해 아둘람 굴에 피신했습니다. 그때 마음이 겸손하고 충성스러운 사람들이 4백 명이나 함께 했습니다. 그들이 훗날 다윗과 함께 왕국을 건설하게 되었습니다. 하나님은 우리가 고난 중에 기도하면 고난 중에 대적으로부터 보호해주십니다(시 91:4-6). 또한 좋은 사람들을 보내 위로하시고, 인내하게 하십니다. 인내의 과정에서 대적들로부터는 보호하시고, 반면에 좋은 사람들을 보내어 위로하게 하셨고 미래를 준비하게 하셨습니다. 다윗은 원수의 목전에서 잔칫상을 베푸셔서 기쁨과 즐거움을 주시는 하나님을 경험했습니다.

꾸준한 기도는 인내의 능력을 공급합니다. 인내는 회복의 은혜를 가져다줍니다. 생명의 면류관을 얻게 합니다.

그가 그 피조물 중에 우리로 한 첫 열매가 되게 하시려고 자기의 뜻을 따라 진리의 말씀으로 우리를 낳으셨느니라_약 1:18

모든 덕목 가운데 단지 인내만이 면류관을 차지할 수 있다.[43]

43 성 안토니우스, 워렌 위어스비, 소망, p. 15.

기도는 성품의 열매를 맺게 해준다

하나님은 하나님 나라의 농부이십니다. 예수님은 포도나무이 시고, 우리는 가지입니다(요 15:1). 가지가 포도나무에 붙어 있 지 않으면 열매를 맺지 못하고, 앙상한 가지가 되어 버림받습 니다(요 15:4). 그러나 포도나무에 붙어 있으면 열매를 많이 맺 게 됩니다(요 15:5).

기도는 가지인 우리를 포도나무이신 예수님께 붙어 있게 합 니다. 포도나무에 붙어 있는 가지는 뿌리로부터 올라오는 수 액을 빨아들여 결국은 열매를 맺게 됩니다.

22오직 성령의 열매는 사랑과 희락과 화평과 오래 참음과 자비

와 양선과 충성과 23온유와 절제니 이같은 것을 금지할 법이 없느니라 _갈 5:22,23

하나님께서 맺게 하시는 열매는 성품의 열매와 영혼 구원의 열매입니다. 이것들은 우리를 향하신, 하나님의 최대 관심사입니다. 복음의 최종 목적이기도 합니다. 이 장에서는 성품의 열매에 대해 나누도록 하겠습니다.

기도는 성령의 열매를 맺습니다

기도는 우리 안에서 성령의 역사를 가능하게 하여 사랑, 희락, 오래참음, 자비, 양선, 충성, 온유, 절제라는 성령의 열매들을 맺게 합니다. 이것들은 하나님께서 자기 백성 안에서 보기를 간절히 원하시는 성품들입니다. 이 성품들은 하나님의 성품이며, 예수님의 성품이며, 성령님의 성품입니다. 그 성품을 우리 안에 회복시켜 주십니다.

하나님의 의는 우리가 믿음을 통해 하나님 앞에 설 수 있는 의인으로 만들어줍니다. 하나님의 의는 죄를 심판하시는 하나님의 성품인 동시에 죄인을 회복시키는 성품입니다. 예수 그리스도께서 십자가에서 우리가 당할 죄의 심판을 대신 당하셨습니다. 우리의 죄의 대가를 치르신 것입니다. 그리고 믿음으로 반응하는 사람에게 하나님의 의의 옷을 입혀주십니다. 의롭다고 해주시고, 의인이라고 부르십니다. 하나님의 의는 이렇게 우리의 신분을 회복시키십니다. 한편, 하나님의 의는 우리를 의로운 삶으로 인도하십니다. 죄로 인해 무너졌던 성품을 다시 회복시켜 주시는 것입니다. 이것을 성화(聖化)라고 부릅니다.

의롭게 되는 일도 믿음으로 되는데, 성화되는 과정도 믿음으로 됩니다. 그런데 성화에는 우리가 믿음으로 동참해야 할 부분이 있습니다. 그것은 바로 예수 그리스도께 붙어 있는 것입니다. 예수님께 붙어 있는 것은 말씀과 기도로 가능합니다. 하나님과의 교제를 통해 이루어지는 것입니다. 사도 바울도 "하나님의 말씀과 기도로 거룩하여짐이라"(딤전 4:5)라고 말씀하셨습니다. 우리는 하나님의 말씀을 믿고 기도함으로 예수 그리스도를 닮아가게 됩니다.

하나님의 성품을 닮아가는 일은 서서히 이루어집니다. 조금씩, 오랜 시간이 걸립니다. 사도 바울은 그 과정을 이렇게 묘사했습니다.

우리가 다 수건을 벗은 얼굴로 거울을 보는 것 같이 주의 영광을
보매 그와 같은 형상으로 변화하여 영광에서 영광에 이르니 곧
주의 영으로 말미암음이니라 _고후 3:18

우리는 기도와 말씀, 그리고 예배를 통해 주의 영광을 봅니
다. 우리가 주님 앞에 나아가 주님을 바라볼 때, 성령께서 우리
를 주님의 형상으로 변화시켜 가십니다. 조금씩, 조금씩 그 영
광을 닮아가게 하십니다. 마치 나다니엘 호돈의 소설《큰 바위
얼굴》에서 주인공이 큰 바위 얼굴을 닮은 위대한 사람이 나타
날 것을 기다리며 날마다 큰 바위 얼굴을 바라보다가, 어느덧
그가 큰 바위 얼굴을 닮은 인물이 되었던 것과 같습니다. 주님
을 바라보면 그렇게 주님을 닮습니다. 그러기 위해 우리는 믿
음을 가지고 매일, 매 순간 주님께 나아가야 합니다. 그때 자신
도 모르게 조금씩 주님을 닮게 됩니다.

우리가 주님의 형상을 닮게 하려고 하나님께서 사용하시는
또 하나의 도구는 고난입니다. 고난을 통해 충분히 낮아지게
하시고(신 8:2), 충분히 하나님을 의지하는 믿음을 훈련하십니
다. 인내를 가르치시며, 인내 속에서 성품을 연단하십니다(롬
5:3-5). 인내로서 연단 받은 자에게는 하나님의 의와 평강의 열
매를 맺게 하십니다. 하나님의 성품의 열매를 맺게 하시는 것

입니다. 욥, 요셉, 다윗, 다니엘 등은 고난을 통해 연단되어 하나님의 성품을 배운 대표적인 인물들입니다.

특별히 우리는 고난 중에 기도할 때 인내의 힘을 얻고, 인내를 통해 연단된 성품으로 변화됩니다(롬 5:4). 고난 중에 예수 그리스도로부터 오는 영적 수액을 더 충분히 공급받습니다.

헨리 나우웬은 기도를 통해 우리의 삶과 하나님의 삶이 연결된다고 말합니다. 삶의 연결은 성품의 연결입니다.

기도하면 우리 삶 전체가 하나님의 삶과 연결된다. 하나님의 사랑이 영적 혈관인 우리 마음과 존재를 타고 흐른다. 존재 양식이 전혀 새로워지고, 고난을 살아내는 방식도 완전히 달라진다. 어떤 의미에서 희로애락을 초월하여 아주 새로운 세계로 들어갈 수 있다.[44]

여기에서 새로운 세계란 새로운 성품의 세계입니다. 우리는 고난 속에서 기도를 통해 연단된 하나님의 성품으로 들어가게 됩니다.

---

44 헨리 나우웬, 예수의 길, 두란노, 2020, p. 11.

기도를 통해 가장 크게 변화된 것은

지난 30년 이상의 나의 신앙생활에서 가장 많은 시간과 공을 들인 것이 기도였습니다. 그렇다고 해서 사역이 놀랍게 일어난 것도 아니고, 큰 기적을 많이 경험한 것도 아닙니다. 가장 큰 변화는 내면의 변화라고 말할 수 있습니다. 몇 가지 뚜렷한 변화를 간증할 수 있습니다. 나는 성령의 열매 전체에서 변화가 있었지만, 어떤 부분은 좀 더 큰 변화를 경험했습니다. 그 부분들이 제게는 매우 부족하고 연약했던 부분들이라서 그랬던 것 같습니다.

첫째는 기쁨입니다.

30년 전의 나를 모르는 사람은 나의 삶이 어두웠다는 것을 상상하지 못합니다. 그러나 그때는 어두움의 그늘이 많았습니다. 수년 동안의 우울증 증세에서 표면상 벗어나 있었을 따름이었지, 여전히 어둡고 부정적이고 날카로웠습니다. 어린 시절의 어두운 가정환경과 오랜 우울증의 그림자가 내 안에 부정적인 생각으로 자리 잡고 있었습니다. 하지만 주님을 알고 난 후, 말씀과 기도와 공동체 생활을 통해 나의 영혼은 조금씩 '어두움이 낮과 같이'(사 58:10) 변화되었습니다.

주님과의 꾸준한 교제는 점점 나의 심령을 '물 댄 동산 같고 물이 끓어지지 않는 샘'(사 58:11) 같게 만들어주었습니다. 주님을 바라보면 바라볼수록 주님의 기쁨이 내 안에 스며들어온 것입니다. '주께서 내 마음에 주신 기쁨'(시 4:8)은 점점 풍성해졌습니다. 물론 이 기쁨은 심한 공격을 받아 잠시 슬픔으로 변하기는 했지만, 결국 주님의 기쁨은 세상의 슬픔을 이기게 했습니다.

둘째는 사랑입니다.

나는 사랑이라는 단어가 아직도 어색합니다. 믿기 전에는 '사랑'이나 '섬김'이라는 용어를 잘 듣지 못했고, 사랑하지도 못했습니다. 특별히 나는 우울증 상태의 사람들이 그렇듯이, 자신의 문제에 집중하는 삶을 살았습니다. 다른 사람을 돌볼 여유와 관심이 없었습니다. 특별히 다른 사람의 아픔에 공감하는 것은 거의 제로 상태였습니다.

결혼 이후에도 선교지에서 어느 선배 선교사님이 나에게 "감정이 바닥이다"라는 말을 한 적이 있습니다. 나의 감성지수가 바닥에 가 있었던 것입니다. 이것 때문에 감정이 풍부한 아내가 마음고생을 많이 했다는 것을 최근에 와서야 알게 되었습니다.

나는 내가 해야 할 일을 성실하게 하는 사람이었습니다. 남에게 손해를 끼치지 않고 선하게 살아왔습니다. 그러나 나는 가까이 대하면 굉장히 차가운 사람이라는 말을 가끔 듣습니다. 이른바 공감하는, 감정을 소통하는 면이 매우 부족하다는 것을 의미합니다.

나는 늘 '주린 자에게 심정을 동하고 괴로워하는 자의 마음을 만족시키는' 사람이 되도록 기도해왔습니다. 지금은 나의 문제가 무엇인지 잘 알 수 있을 것 같습니다. 수십 년의 기도 생활을 통해 이제야 사람의 필요를 보고, 사람의 아픔을 헤아리며, 공감하는 능력을 조금씩 갖추게 되었습니다. 이 부분을 개발하기 위해 수년 동안 방황하는 십대의 아들과 씨름하는 고통도 겪게 하신 것이 아닌가 하는 생각이 듭니다.

하나님은 나의 부족함을 아시고, 계속해서 사랑을 공급하셨습니다. 이제는 섬기는 일에 민감하다는 말도 많이 듣습니다. 공감 능력이 많이 생겼다는 칭찬을 들을 때도 있습니다. 이렇게 되기까지, 기도와 함께 아내와의 많은 대화가 크게 이바지했다는 생각이 듭니다. 이 부분에 큰 강점을 가진 아내가 나에게 공감해주고, 민감하게 섬기는 것에 대해 많은 본을 보여준 것이 큰 힘이 되었습니다.

셋째는 절제입니다.

예수님을 믿기 전에도 그랬고, 처음 믿을 때만 해도 나는 절제를 잘 알지 못했습니다. 자신을 훈련한다는 개념을 알지 못한 것입니다. 집에서도 아무도 나를 경계하거나 훈련시켜주지 못했습니다. 그러다 예수 그리스도를 믿을 때, 내게 큰 환란이 있었습니다. 나의 기대가 무너지고, 심한 거절을 경험하는 아픔을 겪었습니다. 아무에게도 도움을 구할 수 없는 형편이었습니다. 그때 하나님은 내게 기도의 영을 주셔서 기도하게 하시고, 하나님을 의지하게 하셨습니다. 환경의 어려움이 나를 기도하게 했습니다. 새벽마다 일어나서 하는 기도 속에서 불안과 두려움이 조금씩 사라져가는 것을 경험했습니다. 환경도 변해가는 것을 경험했습니다.

그 후, 천지를 지으신 하나님이 나와 교제하기를 원하신다는 놀라운 깨달음과 경험 속에서, 확신을 품고 기도 생활을 해왔습니다. 학생이자 연구원으로서 바쁜 시간 속에서도 하나님과의 교제에 최우선을 두고 살았습니다. 그러는 사이에 나의 삶에 자연스럽게 절제가 형성되었습니다.

기도에 초점을 맞추는 삶을 살기 위해서는 모든 생활을 절제하지 않을 수 없었습니다. 먹고 자는 것을 훈련해야 했고, 사람들과의 만남과 활동을 절제해야 했습니다. 시간이 흘러가는 대로 생활하는 것이 아니라, 주님의 영광을 위한 목표를 가지고, 관계와 할 일을 가지 치는 연습을 해야 했습니다. 친하게 지내던 세상 친구들과의 교제도 멀리해야 했습니다. 때로는 부모와 가족과의 만남도 절제해야 했습니다. 학교 동료들과의 여러 회식과 활동도 절제해야 했습니다.

그러면서 점점 하나님의 말씀에 대한 훈련을 몸에 익히기 시작했습니다. 이렇게 하는 데에는 선교단체의 훈련이 큰 도움이 되었습니다. 자기 훈련이 잘되지 않아서 오랜 우울증을 경험한 터라, 주 안에서 자기를 훈련하는 삶에 대한 동기가 많이 주어진 것도 큰 도움이 되었습니다.

승리를 위해
절제하는 삶이 필요하다

성경은 승리를 위해서는 절제하는 삶이 필요하다고 이야기합니다. 사도 바울은 "이기기를 다투는 자마다 모든 일에 절제하나니"(고전 9:25)라고 했습니다. 또한 "경건에 이르는 연습은 금생과 내생에 약속이 있다"라고 말씀하셨습니다(딤전 4:7-8).

젊은 시절에는 규모 없는 성품 때문에 큰 어려움을 겪어야 했던 나였습니다. 그리스도 안에서 주님과의 교제를 배우면서, 이제는 절제가 나의 트레이드마크가 되었습니다. 나를 양육하던 선교회의 멘토가 나에게 가장 큰 은사가 절제라고 말씀하신 것이 기억이 납니다. 많은 대가를 치르며 배워온 절제가 범사에 축복을 누리면서 사는 덕(德)이 되었습니다.

이 밖에도 성령의 열매 전체에서 많은 진보를 경험하게 되었습니다. 주님을 바라보기를 계속하면서, 조금씩 주의 형상을 닮아간 덕택입니다. 무엇보다도 큰 성품의 변화는 감사입니다. 전에는 감사를 모르던 나였습니다. 지금은 감사가 많아졌습니다. 기도가 만든 감사입니다. 기도가 예수 그리스도의 의의 옷을 덧입게 만들어 감사하게 만든 것입니다. 기도가 차이를 만듭니다. 그렇지 않다면 기도할 이유가 없습니다.

하나님의 성품을 덧입는 것은 은혜에 속한 것입니다. 은혜의 보좌 앞에 나아가야 은혜를 덧입게 됨을 깨닫게 됩니다. 아직도 부족한 점이 많습니다. 하나님의 성품을 덧입는 것은 평생의 일입니다. 하지만 은혜의 보좌 앞에 나아가면 나아갈수록, 더욱 나아질 것을 바라봅니다.

19

기도는 지혜의 열매를
맺게 해준다

기도는 우리 인간의 영이 하나님의 영과 접촉하는 일입니다. 하나님의 영, 즉 성령님은 지혜와 총명의 영이며, 모략(조언과 인도)과 재능(능력)의 영이며, 지식과 하나님을 경외하는 영입니다(사 11:2). 우리가 하나님과 접촉하면 할수록 성령님은 우리 안에 지혜와 총명과 모략과 능력과 지식을 불어넣으시며, 동시에 하나님을 경외하게 하십니다. 다른 말로 하면, 성령님이 하나님의 지혜를 우리 안에 넣어주시는 것입니다.

여호와를 경외하는 것이 지혜의 근본이요 거룩하신 자를 아는 것이 명철이니라 _잠 9:10

이사야 11장 2절은 하나님의 지혜의 요소를 잘 설명하고 있습니다. 지혜는 지식, 총명, 모략, 능력, 하나님을 경외함 등 다섯 가지 요소로 이루어져 있다고 묘사합니다.

그의 위에 여호와의 영 곧 지혜와 총명의 영이요 모략과 재능의 영이요 지식과 여호와를 경외하는 영이 강림하시리니 _사 11:2

성경에서 이 다섯 가지 요소를 잘 갖춘 사람을 꼽으라면 단연코 다니엘입니다. 그는 우선 지식으로서 율법을 알았습니다. 우상에 드려졌던 제물을 먹어서는 안 된다는 지식을 갖고 있었습니다. 그는 또한 총명하여 소년 시절에 바벨론 궁에서 살았습니다. 왕의 진미와 포도주가 우상의 제물에 사용된 것을 알고, 그것을 먹는 것은 하나님을 기쁘시게 하지 못하는 것을 분별할 줄 알 만큼 총명했습니다.

다니엘은 모략가로서 전략을 세울 줄 알았습니다. 이방의 제사에 쓰인 고기를 먹지 않고 채식을 고집하는 자신의 행동으로 상관이 어려움에 부닥칠 것을 배려해, 상관이 받아들일 수 있는 방안을 제시했습니다. 10일간 채식을 하여, 우상의 제물(고기)을 먹는 사람들과 건강 상태를 비교해보자고 한 것입니다. 그는 그 계획과 방안을 실행에 옮길 수 있는 능력이 있었습니다. 실행에는 용기와 의지가 필요하며, 동시에 능력도 필요합니다. 그가 능력 있는 소년이 아니었다면, 아마도 환관이 그의 제안을 무시했을 것입니다.

이 모든 행동의 기초는 하나님을 경외하는 다니엘의 마음이었습니다. 하나님을 경외하는 가운데 실행에 옮겼고, 하나님을 경외함으로 그 결과를 하나님께 맡겼습니다. 하나님께서 역사하셔서 채소를 먹었던 다니엘과 세 친구의 얼굴이 왕의 음식을 먹은 소년들보다 더 아름답고 윤택했습니다. 그들의 상관도 안전하게 되었고, 하나님의 역사를 옆에서 지켜보는 기회를 얻게 되었습니다. 하나님께서 말씀에 순종했던 다니엘과 세 친구의 지혜와 총명을 온 나라 술객들보다 열 배나 많게 해주셨습니다. 그들은 결국 승진했습니다. 무엇보다도 하나님께 영광을 돌리게 되었습니다.

이제는 다니엘에게 있었던 지식, 총명, 모략, 능력, 하나님을 경외함 등에 대해 각각 생각해봅시다.

지혜의 첫째 요소, 지식

지혜의 첫째 요소는 올바른 지식(sound knowledge)입니다. 지혜는 사실 바른 지식에서 시작됩니다. 올바른 지식은 하나님의 말씀에 부합된 지식을 의미합니다. 성경에 부합된 지식이란 성경이 분명하게 제시한 교훈이나 성경이 제시하는 경계에 속한 지식입니다. 또한 성경 말씀으로 영감(靈感)된 지식을 포함합니다. 이 말은 바른 지식을 갖기 위해 성경만 읽어야 한다는 뜻이 아닙니다. 경건한 사람들의 글은 물론, 세상 사람들의 지식도 유익할 때가 많이 있습니다. 때로는 하나님의 말씀이 뿌리가 되고, 인문학적 지식이 줄기가 될 때도 있습니다. 이에 대해 장경철 교수님은 이렇게 말합니다.

> 잠언 말씀대로 여호와를 경외하는 것은 모든 지혜의 근본입니다. 하지만 기억해야 할 것은, 근본이란 여호와를 경외하는 것이 모든 지식의 뿌리와 바탕의 역할을 한다는 것이지, 하나님의 모든 말씀이 모든 지식을 대치한다는 뜻은 아닙니다. 뿌리가 된다는 것은 줄기와 가지에게 수분과 양분을 공급하는 원천이 된다는 것이지, 뿌리가 줄기를 대치한다는 것이 아닙니다. 하나님의 말씀으로 일상적 지식을 대치하는 것은 말씀을 섬기는 것이 아니라, 말씀을 인간 지식의 차원으로 격하시키는 것입니다. 하나님의 말씀은 실에 구슬을 꿰듯이 인간 지식을 꿰뚫고 지나가는 실의 역할을 합니다. 모든 줄기와 가지들이 뿌리에 의하여 지탱되듯이, 세상의 모든 지식은 뿌리가 되

3부 | 영광스러운 열매

는 하나님의 말씀에 의하여 관통되어야 합니다.[45]

바른 지식을 습득하고 쌓아가는 것이 지혜의 기초가 됩니다. 이때, 기도는 바른 지식에 대한 열망을 갖게 합니다. 계속해서 배우는 정신을 갖게 하는 것입니다.

지혜의 둘째 요소, 총명

지혜의 둘째 요소는 총명입니다. 총명은 분별력(discernment)입니다. 분별력이 있어야 지혜가 있다고 말할 수 있습니다. 분별력이란 현재 상황이 바른 지식에 합당한지 아닌지를 분별하는 능력입니다. 하나님을 기쁘시게 하는 것인지 아닌지를 분별할 줄 아는 것입니다.

다니엘은 왕의 진미를 먹는 것이 하나님께서 기뻐하시지 않는 행동임을 분별할 수 있었습니다. 율법의 지식을 그의 상황에 적용할 줄 알았다는 것입니다. 지식이 많아지면 분별력이 향상됩니다. 그래서 총명은 꿰뚫어보는 통찰력(insight)이며,

---

45 장경철, 책 읽기의 즐거운 혁명, 두란노, p. 113.

통찰력은 상황의 근원을 아는 능력입니다. 근원을 알면 분별하기가 쉽습니다.

지혜의 셋째 요소, 모략

지혜의 셋째 요소는 모략(counsel)입니다. 모략이란 지식과 총명으로 깨달은 바를 문제를 해결하는 데 적용하는 방안을 찾는 것입니다. 그 결과, 모략은 조언(advice)이나 인도(guidance)를 하게 해줍니다. 쉬운 말로 코치가 되는 것입니다.

코치는 어떤 분야에서 성공하도록 구체적인 전략과 방안을 제시하며 도움을 주는 사람입니다. 성령님의 이름이 보혜사입니다(요 14:26). 보혜사는 조언가(Counselor)를 의미합니다. 예수님 또한 기묘자와 모사(Wonderful Counselor)로 불리셨습니다(사 9:6). 삼위 하나님은 세상과 사람에게 최고의 전략가이십니다. 따라서 지혜는 문제를 해결하는 능력입니다.

구약 성경에서 지혜를 나타내는 히브리어로 주로 '호크마'가 사용되었습니다. 이 단어는 전쟁에서 싸우는 기술이나 다스리는 기술을 의미합니다. 전쟁을 효과적으로 수행할 수 있는 기술, 혹은 지도자가 사람들을 다스리고 통치하는 기술입니다. 이와 같이, 구약에서는 지혜가 문제해결을 위한 기술이나 전략의 의미로 사용되었습니다. 지식과 총명이 전략(모략)으로 연결되어야 비로소 삶을 승리로 이끄는 실제적인 기술이 됩니다.

한편, 지혜는 지식을 활용할 수 있는 능력입니다. 깨달은 것을 활용할 수 있는 능력인 것입니다. 이것은 단지 기계를 다루는 기술만 의미하는 것이 아닙니다. 인간을 경영하는 기술도 필요합니다. 관계의 기술도 필요합니다. 지혜를 얻기 위해서는 사람에 대한 이해도 필요합니다. 다니엘의 전략은 그의 상관인 환관장의 상황에 대한 이해와 배려를 포함하고 있습니다. 그는 환관장에게 어떤 태도로 접근해야 하는지도 잘 알고 있습니다. 모략이 있어야 문제를 해결할 수 있습니다.

모략은 신중함을 필요로 합니다. 총명과 신중함이 만날 때 모략이 생깁니다. 구약 성경에서 지혜로 쓰인 단어가 간혹 신중함을 의미할 때가 있었습니다(대상 22:12). 여호수아서 1장 8절은 "말씀을 주야로 묵상하고 그 가운데 기록된 대로 지켜 행하면 평탄하게 되고 길이 형통한다"라고 말합니다. 이 구절에서 '형통'이라는 단어는 '사칼'로, 신중함과 총명 모두를 의미합니다. 신중함과 총명이 만날 때 모략으로서의 지혜가 생깁니다. 그 결과로 형통하게 되는 것입니다.

지혜의 넷째 요소, 능력

지혜의 넷째 요소는 능력입니다. 이는 실행하는 능력을 의미합니다. 즉, 모략을 실천하는 능력으로서, 결단력과 용기를 의미합니다. 이것이 총명한 사람과 모략이 많은 지혜자 사이에 차이를 만들어냅니다. 깨달은 것에 실제로 순종해야 지혜가 됩니다. 다니엘이 깨닫고 전략을 세웠지만, 만일 실행하지 않았다면 그의 삶에 일어났던 놀라운 결과들은 없었을 것입니다. 말씀을 듣고 깨닫기만 하면 지혜가 되지 않습니다. 듣고 깨달은 것을 삶에 실천하여 순종할 때 참 지혜가 됩니다(마 7:24). 그때 비로소 하나님의 지혜가 드러나게 됩니다. 만일 행하지 않으면 어리석은 사람이 됩니다(마 7:26). 잘해야 '총명한(지식은 있지만) 어리석은 사람'이 되는 것입니다.

말씀에 순종하기 위해서는 단순한 믿음이 필요합니다. 여러 가지 지식을 가져도 분별하는 작업이 필요합니다. 전략과 계획을 치밀하게 세우는 것도 필요합니다. 그러나 마지막으로, 말씀에 의지하여 단순하게 실행하는 믿음이 있어야 합니다. 그래서 시편 19편 7절은 "여호와의 증거는 확실하여 우둔한 자를 지혜롭게 하며"라고 말합니다. 우둔하다는 것은 단순하다는 말입니다. 단순히 말씀에 의지하여 순종할 때 하나님의 놀라운 역사를 경험하게 됩니다. 지혜롭게 되는 것입니다. 세상 사람들의 지혜를 뛰어넘는 지혜를 얻습니다. 다니엘은 순종하여 다른 세상 동료들보다 10배나 더 지혜롭게 되었습니다.

다니엘 시대에 왕의 진미와 포도주를 먹는 것이 세상 사람들의 눈에는 지혜로워 보였고, 말씀에 의지하여 채소를 먹는 것은 어리석어 보였습니다. 그러나 결과는 완전히 달랐습니다. 그들에게 어리석게 보였던 다니엘이 진정으로 지혜로운 사람이 되었습니다. 그의 지혜는 성경에 기록되어 영원토록 전파되는 지혜가 되었습니다. 많은 사람을 옳은 곳으로 돌아오게 하는 데 사용되었습니다.

지혜의 다섯째 요소, 경외

지혜의 다섯째 요소는 하나님을 경외하는 마음입니다. 경외란 하나님을 우러러보고 존중하는 마음을 의미합니다.

경외란 '거룩한 두려움', 즉 거룩하신 하나님을 우러러보고 존중하는 마음을 뜻한다. 항상 하나님의 거룩하신 눈길 앞에 우리 자신을 적나라하게 드러내는 태도, 그것이 곧 경외의 참뜻이다. 한마디로

경외는 하나님과 우리의 무한한 차이에서 생겨나는 감정이다.[46]

하나님을 경외함은 말씀에 대한 순종이라는 결과를 가져옵니다. 하나님을 경외하는 것은 성령에 의해 부어지는 정신입니다. 그러므로 하나님을 경외함이 지혜의 근본입니다(잠 9:10). 지혜의 기초라는 의미입니다.

앞에서 말한 지혜의 요소 4가지의 모든 기초가 하나님을 경외함이 될 때 참 지혜가 됩니다. 지식, 총명, 모략, 행동이 하나님을 경외하는 것의 기초가 될 때 참 지혜인 것입니다. 하나님을 경외함이 빠지면 세상의 지혜, 인간적인 지혜가 됩니다(약 3:15).

세상 지혜는 정욕적이요 마귀적이며, 시기와 다툼과 혼란과 악한 일을 초래합니다. 파괴와 분리를 낳습니다. 그러나 하나님을 경외함이 기초가 되는 지혜는 하나님으로부터 온 지혜가 됩니다. 하나님으로부터 나온 모략은 성결하고, 화평하고, 관용하고, 양순하며, 긍휼과 선한 열매가 가득하고, 편견과 거짓이 없는 모략이 됩니다. 사람을 세우고 살리는 지혜가 됩니다.

다니엘에게 하나님을 경외함이 없었다면, 성경 지식을 당시

---

46 토마스 왓슨, 하나님을 경외하는 사람, 규장, p. 30.

의 바벨론의 지식과 혼합시키고, 그에 근거하여 제대로 분별하지 못하였을 것입니다. 세상과 타협하는 방안(모략)을 생각했을 것입니다. 하나님의 능력을 의지하지 않았을 것입니다. 그 결과 하나님이 더해주시는 능력을 경험하지 못하고, 하나님께 영광을 돌리지 못했을 것입니다. 그는 더 이상, 오늘날 우리가 아는 다니엘이 아니었을 것입니다.

다니엘의 경외함과 지혜는 일평생 계속되었습니다. 그가 하루 세 번씩 성실하게 드렸던 기도와 그의 지혜는 서로 연관성이 깊습니다. 그는 80세가 훌쩍 넘은 만년에 '마음이 민첩한' 자가 되었습니다. 민첩한 마음은 '뛰어난 영'(excellent spirit)을 의미합니다. 그의 지혜는 그의 영의 탁월함에서 왔습니다. 탁월한 영은 하나님의 영에 사로잡힌 영입니다.

고난 중에 배운 하나님의 지혜

나의 지난 세월을 돌이켜 보면, 기도하면서 말씀에 따라 분별하며 결정했던 것들과, 기도하면서 계획하고 실천했던 일들은 모두 좋은 결과를 낳은 것을 보게 됩니다. 기도할 때 성령께서 상황을 분별하게 하셨습니다. 그 분별은 말씀에 합당한 깨달음에서 온 것이었습니다. 그 깨달음을 따라 실천할 때, 비록 그것이 세상 사람들의 눈에는 어리석은 것처럼 보일지라도, 결국에는 가장 최선의 길로 인도하는 지혜가 되었습니다. 모두가 살게 되고, 좋은 결말을 맺게 되었습니다. 그 지혜는 분명 위로부터 난 것이었으며, 그것은 항상 성결한 동기와 방법, 화평케 함, 관용, 양순함, 긍휼, 선한 열매, 편벽과 거짓 없음을 담고 있었습니다.

나는 하나님의 지혜를 고난 중에 많이 배웠습니다. 인생의 여정 속에서 부당한 해고나 좌천과 같은 쓰라린 경험을 여러 번 했습니다. 이해할 수 없는 이유로 진학에 실패하기도 했습니다. 아마도 제가 잘난 척을 많이 한 것이 원인이었다고 생각됩니다. 교회에서도 사역은 잘 되었지만, 관계에 서툴러 쫓겨나기도 했습니다. 유대인 교수님 앞에서 한 번의 실수로 실험실 사용이 거부되기도 했습니다. 때로는 자리를 유지하지 못하고 좌천되는 경험도 했습니다.

나는 그때마다 상대방에게 따지거나 항의하지 않았습니다. 하나님의 뜻으로 받아들였습니다. 그때마다 내게 도전이 되었던 말씀은 이것이었습니다.

부당하게 고난을 받아도 하나님을 생각함으로 슬픔을 참으면 이는 아름다우나 ··· 선을 행함으로 고난을 받고 참으면 이는 하나 님 앞에 아름다우니라 _벧전 2:19-20

이런 과정을 통해 온유한 자가 땅을 차지한다는 것이 여전히 진리임을 몸소 경험하곤 했습니다. 순종과 온유함이 지혜임을 배운 것입니다. 이것은 어려움 중에도 늘 하나님을 가까이하므로 얻은 지혜였고 기도의 열매였습니다.

20

기도는 탁월함의 열매를 맺게 해준다

하나님과 동행한 사람들의 특징 중의 하나는 탁월함입니다. 탁월함은 뛰어남, 출중함을 의미합니다. 세상에서 어떤 사람이 성적이 좋거나 뛰어나게 일을 잘할 때 탁월하다는 말로 칭찬을 받습니다. 그러나 성경에서는 다릅니다. 성경에서 탁월함은 일뿐 아니라 성품이 뛰어난 것을 말합니다.

다니엘은 마음이 민첩하여 총리들과 고관들 위에 뛰어나므로 왕이 그를 세워 전국을 다스리게 하고자 한지라 _단 6:3

다니엘은 당시 총리와 고관들보다 탁월했습니다. 그는 분명

일에서 다른 동료들보다 뛰어났습니다. 그러나 그는 일뿐 아니라 성품에서도 뛰어났습니다(단 6:4). 성실하고 정직한 측면에서 다른 사람보다 앞섰습니다. 도덕성에서도 뛰어났습니다.

요셉도 총리로서의 업무 능력이 뛰어났습니다. 또한 그는 보디발 장군 아내의 유혹을 뿌리칠 정도로 거룩함이 뛰어났습니다. 지혜는 물론 성실하게 배우는 면에서도 뛰어났습니다.

하나님과 동행할수록
하나님의 탁월함을 닮아간다

하나님과 동행한 사람들은 다니엘과 요셉뿐 아니라 모두 탁월한 삶을 살았습니다. 아브라함, 모세, 여호수아, 다윗, 베드로, 요한, 바울 모두 탁월한 삶을 살았습니다. 하나님과 동행한 연수가 더할수록 점점 탁월해져 갔습니다. 이처럼 탁월함은 하나님의 사람의 특징입니다.

탁월함은 하나님의 성품입니다. 그래서 하나님과 동행하면 할수록 하나님의 형상 중의 하나인 탁월함을 점점 닮아가게 됩니다. 다니엘은 80이 넘은 나이에도 탁월했습니다. 청년 시절에도 탁월했지만, 노년에 더욱 탁월했습니다. 그 이유는 '마음이 민첩하여'서였습니다. 마음이 민첩하다는 말의 아람어가 '야티에르'이며, 영어성경(KJV)은 'excellent spirit' 혹은 'extraordinary spirit'으로 번역했습니다. '탁월한 영' 혹은 '탁월한 정신'이라는 말입니다. 하나님이 탁월하시고, 하나님의 영이신 성령님이 탁월하십니다. 하나님의 사람들은 성령님으로부터 그분의 탁월성에 대한 영향을 받고, 또한 배웁니다.

다니엘서 6장은 다니엘의 탁월한 정신이 기도에 의한 것임을 말해줍니다(단 6:10). 그는 바벨론에 포로로 끌려온 이후 70년 동안 한결같이 하루 세 번 예루살렘을 향하여 기도하는 습관을 갖고 있었습니다. 그의 정신이 탁월했던 이유는 일평생 기도를 통해 탁월한 영이신 성령님과 접촉했기 때문입니다. 이것은 하나님과 동행한 사람들이 탁월함을 소유한 비결이기도 했습니다.

다니엘서에서 탁월함을 나타내는 아람어 '야티에르'와 유사한 히브리어 단어를 찾자면 잠언 31장 10절에 나오는 '현숙한 여인'에서 '현숙한'을 지칭한 '하일'이라는 단어입니다. '현숙한'이라는 말은 영어성경에서 'noble'(NIV), 'excellent'(NASB), 'virtuous'(KJV)로 번역된 단어와 같습니다. 여기에서 '현숙한'의 의미는 고상하고 탁월하고 덕스러운 것을 의미합니다. 잠언 31장에서 이 탁월한 여인이 어떤 일을 했는지를 보면 탁월한 여인, 현숙한 여인, 덕스러운 여인이 어떤 여인인지 알 수 있습니다.

현숙한 여인은 남편에게 선을 행하고, 그를 내조하여 지도자로 세웁니다. 또한 그녀는 부지런히 손으로 일을 하고, 비즈니스도 잘하며, 양식을 가져오며, 집안사람들을 잘 다스리며, 집안사람들을 위하여 의복도 지으며, 구제도 힘쓰며, 게다가 말씀도 가르칩니다. 남편과 자녀들로부터 칭찬을 받습니다. 그 특징은 선한 성품, 섬기는 성품, 성실한 성품, 최선을 다하는 성품, 그리고 지혜를 통해 남편과 자녀들과 집안사람들을 세우고 살리는 일을 하는 것입니다. 현숙한 여인은 뛰어난 성품과 능력을 통해 아내의 역할을 감당하는 여인을 의미합니다. 이 모든 능력은 하나님을 경외하는 데서 왔다고 잠언은 말씀하고 있습니다(잠 31:30). 하나님을 경외하는 사람은 하나님의 탁월하심을 덧입게 됨을 알 수 있습니다.

하나님의 선하심, 하나님의 탁월하심

하나님의 탁월하심을 나타내는 성경의 다른 단어는 '하나님의 선하심'입니다. '선하다'(good 또는 goodness)라는 뜻의 히브리어 '토브'의 의미는 말 그대로 '좋다'입니다. 하나님은 선하시다는, 좋으신 분이라는 의미입니다. 하나님을 향하여 좋다고 말하는 것, 혹은 하나님께서 좋다고 여기시는 것은 모두 최상급이어야 마땅합니다. 최고로 좋은 것이기 때문입니다.

하나님은 제일 좋으신 분입니다. 또한 하나님께서 좋다고 하신 것은 최고로 좋은 것입니다. 탁월한 것입니다. 실제로 히브리어 '토브'는 탁월하다는 의미도 담고 있습니다. '토브'는 '탁월하다'(excellent)라는 의미와 함께 '유쾌하다'(pleasant), '행복하다'(happy)라는 의미를 갖습니다. 하나님의 탁월하심은 선함과 기쁨과 행복을 포함한다는 것을 알 수 있습니다. 단지 하시는 일이 뛰어날 뿐 아니라, 그 일로 사람들에게 기쁨과 행복을 가져다준다는 의미가 포함됩니다. 나아가 적절하고 아름답다는 의미도 포함되어 있습니다. 풍부와 번성의 의미도 포함되어 있습니다. 실제로 탁월함은 섬김에서 요구됩니다. 섬김이 탁월할 때 섬김받는 사람이 기쁘고 행복해집니다. 섬기는 사람 또한 기쁘고 행복해집니다.

우리가 어떤 섬김을 할 때 기도해야 하는 이유는 그 섬김이 탁월해지기 위해서입니다. 기도할 때 하나님의 탁월하심이 우리의 섬김에 나타나게 됩니다. 하나님의 탁월하심이 나타날 때 일이 탁월해질 뿐 아니라, 모든 관계와 환경이 적절하고 아름답게 되어 기쁨과 행복을 가져옵니다. 나아가 번성과 풍성도 가져옵니다. 따라서 많은 기도로 이루어진 사역은 탁월한 사역이 됩니다. 탁월한 성과와 함께 기쁨과 풍성함과 아름다움과 형통함의 열매들이 맺히게 됩니다.

그러므로 하나님의 탁월하심을 경험하는 데 필요한 것은 기도와 함께 최선을 다하는 정신입니다. 우리가 기도할 때, 최선을 다하시는 하나님의 정신이 우리 안에 형성된다고 할 수 있습니다. 히스기야는 이것을 잘 알았습니다. 그래서 그는 어떤 섬김을 할 때 철저히 기도했고, 또한 최선을 다해 일했습니다. 그것이 그가 탁월해진 비결이었습니다.

20히스기야가 온 유다에 이같이 행하되 그의 하나님 여호와 보시기에 선과 정의와 진실함으로 행하였으니 21그가 행하는 모든 일 곧 하나님의 전에 수종드는 일에나 율법에나 계명에나 그의 하나님을 찾고 한 마음으로 행하여 형통하였더라 _대하 31:20,21

탁월함은 하나님께서 주시고 이루어 가시는 선물입니다. 이 가운데 우리가 할 일은 기도와 최선을 다하는 것입니다. 최선을 다하는 것에는 성실, 인내, 기회를 최선으로 활용하는 정

신이 포함됩니다. 성실은 마음을 다하여 행하는 태도입니다
(골 3:23,24). 고난 속에서 믿음을 가지고 인내하며, 계속 끈기
있게 해나갈 때, 순금 같은 탁월한 인격과 작품이 나옵니다(욥
23:12). 또한 주어진 기회들을 주의 깊게 생각하고, 최선으로
활용하기를 추구할 때, 일과 성품이 탁월해집니다(엡 5:15,16).

하나님과 동행할 때 하나님께서 우리를 탁월함으로 인도하
십니다. 결국 그분을 신뢰하는 것이 탁월함의 핵심입니다. 하
나님께서 우리 안에서 착한 일, 즉 탁월한 일을 시작하시고 이
루신다는 믿음이 중요한 것입니다. 기도가 이 믿음을 가능하
게 합니다. 하나님의 영광을 바라보게 함으로 하나님의 탁월
하심의 영광을 닮아가게 합니다.

기도에서 탁월함을 위한
돌파구를 찾다

나는 예수 그리스도를 믿은 후 네비게이토선교회에서 제자훈
련을 받으면서 탁월함이라는 단어를 많이 들었습니다. 네비게
이토가 추구하는 가치 중의 하나가 섬김의 탁월함이었기 때문
입니다. 그것이 주로 일의 탁월함을 의미하는 것이어서 부담

이 많이 되었습니다. 왜냐하면 나는 일이 탁월하지 않은 사람이었기 때문이었습니다. 게다가 박사과정의 학업과 연구에도 탁월함이 요구되었습니다. 일의 실수가 참 많은 사람인데, 부담감 때문에 실수가 더 잦아졌습니다.

네비게이토선교회의 간사님 댁에서 1년간 숙식하면서 학교로 출퇴근했습니다. 그때는 정신없이 바쁜 생활을 했습니다. 새벽에 자전거를 타고 학교에 갔다가, 돌아올 때는 버스를 타고 돌아오기 일쑤였습니다. 그리고 며칠 후에야 자전거를 찾곤 했습니다. 실험실에서는 장비를 만지기만 하면 고장을 내는 '재주'가 있었습니다. 정교한 반도체 장비와 측정 장비를 만지자 마자 5분 안에 회로 보드를 태워 먹기도 했습니다. 사역도, 연구도 결과가 나오지 않았습니다. 몇 년간 계속 열심히 하기는 했지만, 특별한 열매가 없었습니다. 연구는 더 진척이 없었습니다. 심각한 지경까지 몰렸습니다.

사역과 연구의 심한 부담감으로 힘들어하던 나는 기도에서 돌파구를 찾았습니다. 나는 아침에 하나님을 찾기로 했습니다. 그러기 위해 밤 11시에 잠자리에 누웠습니다. 기숙사에서는 아무도 잠자지 않는 시간이었습니다. 다른 사람들이 불을 끄고 잠자리에 드는 새벽 3시에 불을 켜고 일어났습니다. 그리고 새벽마다 밖에 나가 기도했습니다.

매일 새벽에 여러 시간, 수년 동안 기도했습니다. 낮에는 결과가 없어도 성실하게 연구하고 실험했습니다. 큰 열매가 없어도 매일 저녁에는 전도하고, 학생들을 상대로 제자훈련을 했습니다. 기도하면서 성실하게 노력했습니다. 결과의 징조가 보이지 않고 수년이 지나던 어느 날, 드디어 조금씩 불빛이 비취기 시작했습니다. 기도하는 자리에서 아이디어를 얻기 시작했습니다. 연구를 시작한 지 5년 만에 연구의 결과를 얻었습니다. 아주 탁월한 결과였습니다.

그 후에 인생의 여러 단계를 지나면서 여러 형태의 연단 과정을 거치게 되었습니다. 그 연단의 과정들은 대부분 나의 성품을 다루시는 과정들이었습니다. 선교지에서는 내적 확신을 다루시면서 선교 사역을 감당하게 하시고, 열매도 풍성하게 주셨습니다. 시카고와 S사에서는 고립의 기간을 거치면서, 하나님을 신뢰하는 것을 새롭게 배우게 하셨습니다. 그 과정에서 나의 정체성을 분명하게 하셨습니다.

LA에 와서는 사역의 지경을 목회로 바꾸시고 확장하셨습니다. 지식의 영역과 사람과의 관계의 영역을 함께 넓혀주셨습니다. 그리고 목회에서는 제자훈련이라는 고유한 사역을 개발시켜주셨고 아름다운 결과도 주셨습니다. 그 사이에, 관계의 어려움을 통해 사람을 더욱 이해하고 받아들이는 능력을 개발시켜주셨습니다.

　이 모든 과정에서 나의 기도의 삶이 가장 큰 영향을 미쳤음을 부인할 수 없습니다. 기도는 하나님의 탁월하심을 나의 삶과 사역에 나타나게 하는 은혜의 수단임이 분명했습니다.

　기도는 우리를 주님께서 각 사람에게 정하신 탁월의 분량에까지 도달하게 합니다. 그리고 다음과 같은 사실을 깨닫게 합니다.

"탁월함이란 다른 사람보다 뛰어난 것이 아니라, 나의 분량 안에서 가장 아름다운 상태이다."

기도는 충만함의 열매를
맺게 해준다

성령 충만은 기독교인들이 구하는 가장 큰 기도제목 중의 하나입니다. 특별히 구체적인 기도제목이 생각나지 않을 때는 보통 성령 충만을 위해 기도해달라고 부탁합니다. 또한 영적으로 힘들 때, 사람들은 늘 성령 충만을 위해 기도해달라고 부탁합니다.

> 술 취하지 말라 이는 방탕한 것이니 오직 성령으로 충만함을 받으라 _엡 5:18

실제로 성경에서 성령 충만은 기도하는 자에게 주시는 가장 큰 복이라고 말합니다. 누가복음은 이렇게 말합니다.

> 너희가 악할지라도 좋은 것을 자식에게 줄 줄 알거든 하물며 너
> 희 하늘 아버지께서 구하는 자에게 성령을 주시지 않겠느냐 하
> 시니라 _눅 11:13

마태는 같은 말씀을 "구하는 자에게 좋은 것으로 주시지 않
겠느냐"(마 7:11)라고 표현했습니다. 하나님께서 주시는 좋은
것이란 최고의 것을 의미합니다. 실제 '좋은 것'을 의미하는 원
어 '아가토스'는 '탁월하다'(excellent, distinguished)라는 의미를
갖습니다. 두 성경 말씀을 비교하면, 하나님께서 기도하는 자
에게 주시는 최고의 선물은 성령 충만이라고 할 수 있습니다.

구약에서도 하나님은 다윗의 시를 통해 하나님을 찾는 자에
게 좋은 것, 즉 '가장 좋은 것'을 주신다고 약속하셨습니다. 기
도하는 자에게 가장 좋은 것을 주신다는 뜻입니다. 이 좋은 것
에는 영적인 것과 육체적인 것이 모두 포함된다고 할 수 있습
니다. 그러나 신구약 성경을 연결하여 해석하면, 하나님이 주
시는 가장 좋은 선물은 성령 충만임이 분명합니다.

하지만 성경의 구절들을 자세히 공부해볼 때, 성경 속의 사
람들이 구하는 기도제목이 반드시 '성령 충만'만은 아닙니다.

구약에서는 구하는 제목은 '성령 충만'이 아니라 '하나님'입니다. 하나님을 찾는 자에게 충만을 주신다고 쓰여 있습니다. 원어의 뜻으로는 하나님을 자주 찾아 방문하는 자에게 좋은 것, 즉 성령 충만을 주신다는 것입니다. 신약에서도 기도의 제목을 성령 충만으로 해석할 수도 있지만, 반드시 그렇지는 않습니다. 구약과 마찬가지로 하나님을 찾고 구하는 자, 즉 기도하는 자에게 성령 충만을 주신다고 해석할 수도 있습니다.

성령 충만이 매우 좋은 기도제목임에는 분명합니다. 그러나 꼭 '성령 충만'을 위해 기도해야 성령 충만을 받는다고 해석하는 것보다, 하나님을 찾고 구하는 자에게 가장 좋은 선물인 성령 충만을 주신다고 해석하는 것이 성경이 말하는 것에 더 가깝다고 생각됩니다. 하나님은 당신을 가까이하는 자에게 가까이하셔서 좋은 것을 주시는 분이시기 때문입니다.

그렇다면 실제로 성령의 충만이란 어떤 것인가에 대한 의문이 생깁니다. 이에 대해서는 많은 학자나 영성가들이 연구하고 정의해 놓았습니다. 나는 여기에서 성경과 영적 선배들의 가르침, 그리고 나 자신의 기도 생활을 통해 경험하고 깨달은 것들을 통해 성령 충만에 대한 견해를 나누고자 합니다.

첫째, 성령 충만은
먼 곳에 있지 않다

성령 충만은 우리가 닿을 수 없는 아주 먼 곳에 있는 것이 아니라는 점입니다.

일반적으로 성령 충만이라는 말은 일반 성도들의 삶과 전혀 관계없는 먼 곳에 있는 것으로 여겨집니다. 그러나 하나님께서 자신의 선물을 마치 숨바꼭질하여 찾는 것같이 찾도록 하셨을까요?

하나님께서 주시는 최고의 선물은 구원의 선물입니다. 그 구원의 선물은 믿음을 통해 얻도록 하셨습니다. 결코 도달할 수 없는 율법을 통해서 주신 것이 아닙니다. 그렇다면 성령 충만도 엄청난 수행과 수련을 통해서만 얻을 수 있어서는 안 됩니다. 아버지가 자녀들에게 좋은 선물을 주시려 하는데, 만일 자녀에게 엄청난 헌신을 요구하고, 그 요구에 반응하는 자녀에게만 좋은 유산을 주신다면, 그 아버지는 좋은 아버지는 아닙니다.

성령의 선물은 아버지가 주시는 선물이라고 했습니다(눅 11:13). 좋은 아버지는 그 아버지에게 나아와 믿음으로 구하는 자녀에게 좋은 것을 주는 분입니다. 결국 성령 충만도 하나님 아버지를 믿고 신뢰함을 통해 얻는 것이어야 합니다(요 7:39).
하나님을 단순히 신뢰할 수 있다면, 성령 충만을 얻을 수 있습니다. 문제는, 아버지를 단순히 신뢰하는 것이 세상에서 육신을 입고 살아가는 사람으로서 어려울 수 있다는 것입니다. 세상에 취하여 살아가기 쉽기 때문입니다.

아버지를 온전한 마음으로 신뢰하기 어려우므로 성령 충만이 어려울 수는 있습니다. 그러나 성령 충만은 구원과 마찬가지로 하나님에 대한 신뢰로 얻을 수 있는 것임이 분명합니다. 성령님께서 나와 함께 하심을 믿고 성령의 인도를 따라 살아간다면, 그것이 곧 성령 충만의 상태라고 볼 수 있습니다. 성령님을 의식하고 그분을 의지하며 살아가고 있다면, 그것이 곧 성령의 충만이 아닐까 생각합니다.

다만, 성령 충만의 상태도 점점 자라간다고 할 수 있습니다. 충만의 정도가 달라지는 것입니다. 신앙이 성장함에 따라 충만도 자라갑니다. 어디까지를 충만이라 하고, 어디까지는 불충만이라고 할 수 있는 것이 아니기 때문입니다.

성령 충만은 일반 성도가 도달할 수 없는 저 세상의 것이 아닙니다. 하나님은 우리에게 그렇게 어려운 것을 선물로 주시는 분이 아니십니다.

둘째, 성령 충만은
특별한 감정 상태가 아니다

성령 충만의 핵심이 특별하거나 황홀한 감정 상태가 아니라는 점입니다.

초대교회 성도들은 예수님 부활하신 후에 간절히 합심하여 기도하다가 성령의 충만을 받았습니다. 그때 불의 혀 같은 것들이 각 사람에게 임했고, 그들은 방언을 말했습니다. 그 후부터 그들은 큰 기쁨과 확신을 얻었습니다. 그리스도의 죽으심과 부활을 확신하고 그리스도를 적극적으로 전파하는 삶을 살았습니다. 그 이후로도 하나님께서 부흥을 주실 때, 성령께서 직접적으로 역사하셔서 공동체 안에, 또는 개인 안에 놀라운 기적과 신비로운 체험을 선물로 주셨습니다.

성령의 특별한 임재가 나타나면 하나님의 임재의 영광을 직접 경험함으로 인한 기쁨과 확신이 생깁니다. 개인의 신앙 여정 중에도 가끔 이러한 경험을 하기도 합니다. 나의 생애에도 그런 일이 몇 번 있었습니다. 구원받은 후, 놀라운 체험이 있었습니다. 또한 40대에 고립의 기간을 벗어나면서 신비로운 기쁨을 맛보는 경험이 있었습니다. 잊지 못할 경험이었습니다.

마틴 로이드 존스 목사님은 이러한 현상을 '성령 세례'라고 불렀습니다. 그는 '성령 세례'가 오순절 성령 사건과 같이 갑자기 성령께서 임하셔서 임재의 영광을 보여주시는 것을 의미한다고 했습니다. 하지만 이것을 성령의 충만과 같은 것으로 여기지는 않았습니다. 성령 세례가 있을 때 반드시 성령 충만이 따라오는 것은 사실이지만, 에베소서 5장 18절에서 말하는 성령 충만이 반드시 성령 세례와 관련된 것은 아니라고 말했습니다. 단지 주님의 증인이 되도록 하기 위한 것이라고 말했습니다.

> 사람이 성령 세례를 받는 것과 성령으로 충만한 것은 동시적입니다. 그러나 저는 에베소서 5장 18절과 관련해서 사람이 성령 충만할 수는 있지만, 아직 그가 성령 세례를 받은 것은 아니라고 생각합니다.[47]

이것은 주로 성격, 즉 도덕적 특성과 성격에 관심을 갖지 않으며, 성령의 열매에도 관심이 없습니다. 이것에 대하여 다음과 같이 명백하게 제시해 봅시다. 즉 여러분은 성령 세례를 받을 수는 있지만, 성령의 열매를 보여줄 수는 없습니다. 그러므로 성령 세례의 첫 번째 결

---

[47] 마틴 로이드 존스, 성령 세례, 기독교문서선교회, 1999, p. 67.

과는 성령의 열매가 아니라, 우리 위에 성령의 직접적인 역사에 대한 체험적 증거입니다.[48]

베드로가 체험한 변화산에서의 경험, 허드슨 테일러가 극심한 영적 갈등을 벗어나면서 깨달음을 통해 얻은 놀라운 기쁨의 경험, 천로역정에서 크리스천과 소망이 의심의 성에서 탈출한 후 기쁨에 산에 오른 경험, 오순절 다락방에서의 놀라운 경험, 역사 속에서 하나님의 주권 가운데 일으켜 주신 수많은 부흥의 경험 등, 섭리적으로 주신 신비롭고 놀라운 경험이 바로 성령 세례의 경험일 것입니다. 이는 하나님을 만난 생생한 경험들입니다. 이 경험들은 개인에게는 일평생 잊지 못할 경험이고, 공동체에는 역사적으로 기억될 만한 경험입니다. 그리고 변화를 동반한 놀라운 경험들입니다.

하나님의 임재를 이렇게 뜨겁게 경험해보고 싶은 것은 모든 그리스도인의 소망입니다. 저 역시 지난 세월의 신앙생활을 통해 이러한 상태를 경험해보고 싶은 마음이 늘 있었습니다. 실제로 어느 정도 경험하기도 했습니다.

그러나 지금에 와서 돌이켜 볼 때, 성령의 세례와 부흥을 추

---

48 마틴 로이드 존스, 같은 책, p. 77.

구하는 데 한 가지 놓친 부분이 있다는 것을 깨닫게 되었습니다. 그것은 내가 원했던 것이 성령 충만한 '감정'을 느껴보고 싶은 열망이었다는 것입니다. 성령 세례의 핵심이 신비로운 임재의 감정이라고 생각하는 경향이 나에게 있었습니다. 그런데 이것이 성령 충만을 오히려 가로막는 요소라는 점을 깨닫게 되었습니다. 성령 세례의 핵심은 내가 느끼는 무엇이 아니라 하나님을 향한 마음이며, 그분을 향한 사랑이라는 것을 알게 되었습니다.

물론 하나님을 느끼고 싶은 감정도 소중합니다. 그러나 그것이 성령 세례의 핵심은 아닙니다. 부흥을 어떤 신비로운 감정의 상태로 인식하는 것을 조심해야 한다는 것입니다. 성령의 충만을 어떤 감정의 충만으로 오인하지 말아야 한다는 점을 깨닫게 된 것입니다.

그런 의미에서 성령 충만은 성령 세례와 구분해야 한다는 생각이 듭니다. 우리가 추구할 것은 성령의 세례가 아니라 성령의 충만입니다. 성령의 세례가 오면 성령의 충만이 옵니다. 역사적으로도 항상 성령 세례에 의한 부흥이 있었던 것은 아닙니다. 이 모든 것은 우리의 손에 있는 것이 아니라 하나님의 주권에 달려 있습니다.

성경은 성령 충만이 누구나 경험할 수 있는 것이며, 늘 받을 수 있는 것으로 말씀하고 있습니다(엡 5:18, 요 7:39). 특히 성령 충만은 구하는 자가 받는 것입니다(눅 11:13). 나는 여기에서 성령의 세례는 구해서 받는 것이라고 해석하기보다, 하나님을 구하고 하나님께 기도함으로 받는 것이라고 해석하고 싶습니다. 하나님을 찾고 구하는 자에게 주시는 선물이 성령 충만이라고 생각합니다. 그래서 성령 세례의 경험 없이도, 일상 가운데 성령 충만을 경험할 수 있는 것입니다.

조나단 에드워즈는 《신앙감정론》이라는 위대한 작품에서 이 부분을 잘 설명합니다. 그는 미국의 1차 대각성 부흥 운동에 나타난 성령의 역사와 사탄의 역사를 연구했습니다. 그의 연구는 바로 감정에 대한 것이었습니다. 부흥 가운데에 성령의 역사뿐 아니라 귀신의 역사도 활발하다는 점을 깨달았습니다. 그는 진정한 부흥과 진정한 충만이 올 때 어떤 현상이 오는지를 잘 설명했습니다. 그는 참된 믿음은 거룩한 감정으로 표현된다고 말합니다. 다시 말해, 성령 충만은 거룩한 감정으로 표현된다는 것입니다. 그러나 이때의 감정은 '격정'(激情)과 구분돼야 한다고 말합니다.

에드워즈는 사람들이 감정(affections)과 격정(passions)을 종종 같은 것으로 말하곤 하지만, 이 둘을 구별해야 할 충분한 근거가 있다고 말한다. 지성은 정열에게 압도당하게 되며, '통제력을 잃게' 된다. 감정은 선택 작용이 가능하도록 명석한 이해와 충분한 자아 통제력을 동반하는 것이다. 감정과 정열에 대한 이런 구별 때문에, 에드워즈는 부흥과 관련된 수많은 현상 중에서도 특히 병적인 현상들을 비판하고 거부할 수 있었다. 자신이 옹호했던 가슴의 신앙을 히스테리와 극단적인 신체적 작용과 열광주의로부터 단절시킬 수 있었다. 에드워즈는 지성을 동반한 감정이라는 개념을 발전시키고 있었던 것이다. 에드워즈는 성경으로 돌아가 참된 믿음은 '대체로 거룩한 감정 안에 있다'라는 주장을 더 확고하게 확립한다.[49]

에드워즈는 성령의 충만한 상태를 거룩한 감정의 상태로 규정했습니다. 성령 충만은 성령에 의해 지배된 마음의 상태를 의미합니다. 조나단 에드워즈는 이때의 감정을 지성을 통하여 표현된 성향으로 해석했습니다.[50] 여기에서 지성은 말씀에 의한 지성을 의미합니다.

거룩한 감정은 말씀이라는 지성의 통제 아래에 있는 감정입니다. 그러므로 거룩한 감정은 사람의 성향에 따라 다르지만, 격정적인 감정이 아닌, 벅차지만 차분한 감정일 수 있습니다.

49 존 스미스 편집, 신앙감정론, 부흥과개혁사, pp. 35-36.
50 존 스미스 편집, 같은 책, p. 33.

주체할 수 없는 기쁨이 아닌 조용한 미소일 수 있습니다.

나는 하나님과 동행하는 삶을 살다 보니. 하나님께서 주시는 감정이 반드시 말로 표현할 수 없는 신비로운 감정일 경우는 극히 적고, 대부분은 차분한, 그러나 활력을 공급해주는 감정의 상태임을 알 수 있었습니다. 하나님의 평강과 기쁨이 조용한 평강과 기쁨일 때가 더 많았습니다.

충만한 상태 역시, 요동함이 없는 절제된 감정 상태일 때가 많습니다. 절제된 감정은 고난을 통해 인내의 과정을 거쳐 형성된 감정이며, 연단된 인격을 형성하는 감정인 것입니다(롬 5:3-5).

셋째, 성령 충만은 경외함과 순종으로 나타난다

성령의 충만은 하나님의 정신으로 충만한 상태입니다. 하나님의 정신은 하나님을 경외함에서 오는 정신입니다. 성령은 하나님을 경외하는 영이며, 우리 안에서 하나님을 경외하도록 역사하는 영입니다. 하나님을 경외하는 사람은 하나님을 늘 의식하며 살아가는 사람입니다.

요셉은 극심한 유혹의 순간에도 하나님의 눈을 의식함으로 유혹을 뿌리칠 수 있었습니다. 이처럼 하나님을 경외하는 정신은 하나님의 말씀에 대한 순종을 낳습니다. 그리고 그 순종이 충만함을 더욱 유지하고 발전시킵니다. 하나님은 또한 순종하는 자에게 성령을 더욱 부어 주심으로, 더욱 충만하게 하십니다.

우리는 이 일에 증인이요 하나님이 자기에게 순종하는 사람들에게 주신 성령도 그러하니라 하더라 _행 5:32

불순종은 충만을 소멸시킵니다. 우리가 죄를 범하면 성령을 근심하게 만들고, 충만은 소멸합니다. 그러나 회개하고 돌이키면, 성령의 충만은 우리 안에 다시 회복됩니다. 다윗은 회개한 후 충만함을 구하여 성령의 충만함을 회복할 수 있었습니다(시 51:10-12).

넷째, 성령 충만은 말씀 충만이다

말씀이 우리 안에 풍성히 거하게 되면 하나님을 더 많이 알게 됩니다. 영적인 깨달음을 얻습니다. 따라서 가르치는 일과 권면하는 일이 자연스럽게 됩니다. 시와 찬송과 신령한 노래가 우리 영혼을 통해 흘러나옵니다. 하나님에 대한 감사와 찬양으로 충만하게 됩니다.

> ¹⁶그리스도의 말씀이 너희 속에 풍성히 거하여 모든 지혜로 피차 가르치며 권면하고 시와 찬송과 신령한 노래를 부르며 감사하는 마음으로 하나님을 찬양하고 ¹⁷또 무엇을 하든지 말에나 일에나 다 주 예수의 이름으로 하고 그를 힘입어 하나님 아버지께 감사하라 _골 3:16-17

성령 충만에 이르는 길 중의 하나는 하나님의 말씀이 우리 안에 풍성히 거하게 하는 것입니다. 우리는 말씀을 듣고, 읽고, 공부하고, 암송하고, 묵상하는 일을 통해 말씀에 거할 수 있습니다. 나아가 그 말씀에 순종함을 통해 더욱 충만하게 됩니다.

다섯째, 기도는 우리를 물 댄 동산 같게 만든다

꾸준한 기도는 우리의 심령을 물 댄 동산 같게 만듭니다.

이사야서 58장 9절에서 11절의 말씀은 기도를 통한 성령 충만을 잘 설명해주고 있습니다. 기도하면 회복의 은혜가 임합니다. 우리가 입으로 하는 말을 바꾸게 합니다. 기도와 함께 말씀이 심령에 들어가게 됨에 따라 우리의 부정적인 말, 허망한 말이 사라지게 됩니다. 사랑과 격려의 말을 하게 됩니다.

계속 기도하면, 우리의 내면에서 그리스도의 빛이 드러나게 됩니다. 그 빛이 우리를 인도합니다. 그 인도를 따라 계속 걸어가면 우리의 영혼이 만족을 누리며, 육체의 건강이 회복됩니다. 그리고 계속 기도하면, 우리의 심령은 물 댄 동산 같고, 물이 끊이지 않는 샘같이 됩니다. 이것이 충만입니다.

충만도 자라갑니다. 기도를 쌓아가면 갈수록 우리의 내면은 점점 성령의 지배 상태로 변화되어 갑니다. 서서히 변화됩니다. 그리고 성령께서 완전히 지배하게 될 때, 우리의 내면은 물이 끊어지지 않는 물 댄 동산처럼 차고 넘치는 심령이 되는 것입니다. 나아가, 그 충만은 사명을 감당하는 충만이 됩니다.

물 댄 동산 같고, 물이 끊어지지 않는 샘 같은 심령은 격한 감정의 상태가 아니라, 물이 소진되지 않는 샘처럼 계속해서 거룩한 감정이 흘러나오는 상태입니다. 물 댄 동산 같고, 물이 끊어지지 않는 샘 같은 심령이 되는 것은 하나님을 끊임없이 찾은 결과입니다. 하나님께서는 하나님을 찾는 자에게 가장 좋은 것, 곧 성령(충만)을 주시기 때문입니다.

하나님과의 지속적인 교제는 성령의 충만을 더하게 합니다. 성령의 통치 영역이 더해지기 때문입니다. 그분과 계속해서 대화할 때, 성령으로 말미암아 하나님의 사랑이 우리 안에 계속해서 부어지게 됩니다.

우리가 다 수건을 벗은 얼굴로 거울을 보는 것 같이 주의 영광을 보매 그와 같은 형상으로 변화하여 영광에서 영광에 이르니 곧 주의 영으로 말미암음이니라 _고후 3:18

기도 생활이 성령 충만을
이해하게 해주었다

나는 30여 년간의 기도 생활을 통해 성령 충만에 대한 개념을 스스로 정리하게 되었습니다. 처음에는 성령 충만을 특별한 감정 상태로 생각했습니다. 신비로운 체험과 연결해 생각하기도 했습니다. 실제로 몇 번 경험한 신비로운 체험과 놀라운 기쁨을 충만이라고 여겼습니다. 여러 책의 저자들의 성령 세례에 대한 강조가 그러한 생각을 부추겼습니다. 물론 그러한 상태가 성령으로 충만한 상태임을 부인할 수는 없습니다. 그러한 순간들이 영적 삶을 업그레이드시켰으며, 중요한 전환점이 되었기 때문입니다. 그러나 점차, 그러한 특별한 체험만을 성령 충만의 상태로 여긴다면 일생에 성령 충만한 상태는 겨우 몇 번밖에 될 수 없음을 깨닫게 되었습니다. 때로는 그런 상태가 없을 수도 있습니다.

성령 충만에 관한 나의 생각이 바뀌기 시작했습니다. 성경이 성령 충만을 어떤 특별하고 신비로운 체험이나 감정 상태로 말하고 있지 않다는 것을 깨달았기 때문입니다. 성령 충만은 믿음으로 받는 것이며, 일상에서 경험할 수 있는 것임을 깨달았습니다. 일상에서 성령님을 의식하고 성령님의 인도를 따르며 산다면, 성령 충만은 늘 함께하는 것임을 깨달았습니다. 늘 감사할 수 있다면 기쁨은 늘 가능한 것이고, 그것이 곧 성령 충만이라고 여기게 되었습니다.

단, 성령 충만의 정도는 우리의 기도 생활과 말씀 생활이 차고 성숙하면서 점점 자라가는 것임을 알게 되었습니다. 기도 생활을 하면 할수록, 충만의 정도는 점점 더해짐을 경험하게 되었습니다.

꾸준한 기도 생활이 주로 영향을 주는 것은 우리가 흔히 말하는 희로애락의 감정이 아닙니다. 더욱 깊은 영역의 감정이 또 있음을 알게 되었습니다. 이 감정은 의지와 가까운 쪽의 감정입니다. 고난 속에서 성숙한 인격을 형성하는 데 영향을 주는 감정입니다. 그 감정은 영에 의해 다스려지는 것입니다. 이것을 조나단 에드워즈는 '거룩한 감정', 또는 '은혜로운 거룩한 감정'이라고 불렀습니다.[51]

그가 말하는 은혜로운 거룩한 감정은 성령에 의해 감화된 감정이며, 하나님을 인식하는 감정입니다.[52] 하나님의 아름다움을 인식하는 감정입니다.[53] 본성의 변화를 일으키는 감정[54]이며, 그리스도의 성품을 닮아가게 하는 감정입니다.[55] 이 감정은 강도 높은, 아주 고양된 감정을 의미하지 않습니다.[56]

이러한 감정은 주님과 동행하면서 매일 경험할 수 있는 것입니다. 성령께서 우리 안에 내주하시기 때문에, 우리가 성령의 인도를 따를 때마다 이 감정을 주십니다. 그리고 이 거룩한 감정은 계속해서 댐에 물이 차듯 차오르는 것입니다. 주님을 알면 알수록 경험하는 은혜로운 감정입니다. 나는 이것을 충만의 표지로 여기게 되었습니다. 그렇다면 충만은 멀리 있는

51 존 스미스 편집, 같은 책, p. 283.
52 존 스미스 편집, 같은 책 p. 346.
53 존 스미스 편집, 같은 책, p. 365.
54 존 스미스 편집, 같은 책, p. 480.
55 존 스미스 편집, 같은 책, p. 487.
56 존 스미스 편집, 같은 책, p. 193.

것이 아님을 알게 됩니다. 성령 충만을 믿음으로 받으면 되는 것입니다.

> 술 취하지 말라 이는 방탕한 것이니 오직 성령으로 충만함을 받으라 _엡 5:18

기도의 특징은 계속하면 할수록 진리에 대한 깨달음을 더해 가는 것입니다. 진리의 영이신 성령께서 진리를 깨닫게 해주십니다. 그리스도를 아는 지식에서 자라감에 따라 우리의 충만도 점점 자라가게 됩니다.

충만은 가까운 데 있습니다. 하나님은 우리가 그분의 통치에 우리 자신을 맡길 때, 충만을 경험하게 하십니다.

기도는 사역의 열매를
아름답게 한다

목회가 되었든 선교가 되었든, 사역을 하는 사람은 누구나 사역을 잘하고 싶어 합니다. 그러나 누구나 사역이 형통한 것은 아닙니다. 사역은 매우 복잡하고, 단순하지 않습니다. 한 가지만 잘한다고 해서 잘되는 것은 분명 아닙니다. 사역이 잘되고 형통한 것이 무엇인지에 대한 정의도 필요합니다. 단순히 숫자가 늘어나는 것이 형통인지에 대한 논의도 필요합니다.

사역을 발전시키기 위한 방법에 대한 논의는 끊임없이 많이 있었습니다. 그중에 기도가 사역에 어떤 영향을 미치는가에 관한 연구와 간증도 많았습니다. 여기에서는 모든 논의를 뒤로 하고, 기도가 사역에 미치는 영향에 대한 나의 성경적 견해와, 실제로 기도가 나의 사역에 끼친 영향에 대해 나누고자 합니다. 일평생 기도를 삶과 사역에서 가장 중요한 요소로 알고 실천하며 살아온 한 개인으로서, 보고 배운 바를 나누려는 것입니다.

사역의 주체는 하나님이시다

기도에 대한 나름의 헌신이 나를 큰 교회의 담임목사가 되게 한 것도 아니고, 부흥을 주도하는 인물이 되게 한 것도 아닙니다. 영향력 있는 선교사가 되게 한 것도 아니고, 영향력 큰 기독교계의 인물이 되게 한 것도 아닙니다. 단지 평신도 선교사로서 사역했고, 이민교회의 부목사로 사역했을 따름입니다. 그렇지만 기도에 헌신한 것이 나의 삶과 사역 속에서 하나님의 개입하심을 보게 했습니다. 꾸준한 기도가, 하나님께서 정해주신 나의 분량 안에서, 내게 가장 좋은 사역의 열매를 맺게 했다는 것도 분명합니다. 사역에서 기도가 만능은 아니지만, 기도가 가장 중요한 요소라고 감히 말할 수 있는지도 모르겠지만, 기도가 차지하는 뚜렷한 영역이 있다는 것은 배울 수 있었습니다.

사역은 하나님의 일입니다. 하나님의 일은 하나님께서 이끌어 가십니다. 하나님께서 주체가 되시고 주관하십니다. 그렇지만 하나님은 사람을 통해 자기 일을 행하십니다. 하나님께서 사람을 선택하시고, 부르시고, 사명을 주십니다. 또한 하나님은 사람을 훈련시키시고, 사람에게 능력을 부여하셔서 일하도록 하십니다. 하나님은 모세를 선택하셔서 먼저 섭리 속에서 훈련을 시키셨습니다. 나이 80세가 되었을 때 부르셔서 일을 맡기셨습니다. 그리고 40년간 하나님께서 그와 동행하시며 하나님의 백성들을 인도하게 하셨습니다.

사역의 주체가 하나님이심을 아는 것은 목회나 선교를 하는 사람에게 큰 힘이 됩니다. 사역하다 보면 자연히 사역이 하나님의 일이 아닌, 사람의 일이 되는 경향이 있습니다. 그때 초점을 잃어버리게 됩니다. 때로는 지나친 부담감을 느끼게 됩니다. 하나님의 뜻과 상관없이 나의 뜻이나 기관의 뜻을 앞세울 수도 있습니다. 그때 사역이 많은 문제에 빠지게 됩니다. 분쟁에 휘말리기도 합니다.

사도행전 6장을 보면 사도들이 복음 전파의 일을 잘하다가 사역의 초점을 잃어버리고, 하나님의 말씀보다 구제하는 일에 치중하게 되었습니다. 그 결과 초대교회는 분쟁에 빠지게 되었습니다. 이때 사도들은 자신들이 하나님의 인도를 따라 사역하지 못하였음을 깨달았습니다. 그들은 기도하는 일과 복음을 전파하는 일에 다시 우선순위를 두기로 했습니다. 우선순위를 바로잡은 후에, 초대교회는 문제를 극복하고 다시금 부흥의 길로 나아가게 되었습니다. 여기에서 기도는 교회가 성령의 뜻을 따라 사역하는 길로 돌아가게 했습니다. 하나님께서 기뻐하시는 방향으로, 일하시는 방향을 따라 사역하게 했습니다. 기도는 사역 속에 하나님의 개입하심을 만듭니다.

사도행전은 기도가 사역에 어떤 영향을 미쳤는지를 잘 말해주는 책입니다. 사도들은 사명을 받고 복음 전파의 일을 시작하기 전에 먼저 마가의 다락방에 모여 합심하여 기도했습니다. 이때 성령이 그들에게 임하여 충만하게 되었습니다(행 2장). 이때부터 성령의 능력으로 힘을 얻어 복음을 전파하기 시작했고, 놀라운 부흥이 있었습니다.

베드로와 요한은 기도하러 성전에 올라가다가 구걸하는 사람을 만나, 병을 고쳐주고 복음을 전파하여 사람을 얻었습니다(행 3장). 사도들은 복음을 전파하다가 심한 핍박을 받았습니다. 이때 그들은 합심하여 한마음으로 기도하며 핍박을 극복했습니다(행 4장). 기도는 교회가 잘못된 방향으로 나아갈 때, 사역의 방향을 정상궤도로 돌려놓게 만들기도 했습니다(행 6장). 하나님은 기도하던 고넬료에게 말씀하셨습니다. 하나님은 또한 기도하던 베드로에게 나타나셔서 환상을 통해 그의 고정

관념을 변화시키셨습니다. 베드로는 순종함으로 고넬료에게 가서 복음을 전했습니다. 기도하는 사람들을 통해 최초의 이방인 전도가 이루어졌던 것입니다(행 10장).

베드로가 투옥되었을 때 사도들은 다시 마가의 어머니 집에 모여 간절히 합심하여 기도했습니다. 그때 하나님께서 천사를 통해 베드로를 옥에서 건져주시고, 다시 복음 전파의 일을 계속하게 하셨습니다(행 12장).

안디옥교회에서 금식하며 기도하는 중에 바나바와 바울을 최초의 선교사로 파송하게 됩니다. 기도로 선교사를 세우고, 선교를 시작하게 되었습니다(행 13장). 바울은 환상을 통해 하나님의 뜻이 소아시아 쪽이 아닌 마게도냐에 있음을 깨닫게 됩니다. 그리고 마게도냐의 첫 성에 이릅니다. 그곳에서 기도할 곳을 찾아 나갔다가 루디아라는 여인을 만나 복음을 전하게 되고, 그 지역에서 선교의 첫 열매를 얻게 되었습니다(행 16장). 복음을 전하러 나갔다가 만난 것이 아니고, 기도하러 가다가 사람을 만난 것입니다. 베드로와 요한도 사도행전 3장에서 기도하러 성전에 들어가다가 앉은뱅이 걸인을 만나 복음을 전했습니다.

바울과 실라는 전도하다가 깊은 옥에 갇혔습니다. 거기서 그들은 낙심하지 않고 기도하고 찬송했습니다. 갑자기 큰 지

진이 나고 옥터가 흔들리며, 옥문이 열리고 매인 것이 풀어졌습니다. 결국 간수와 그 가족이 믿게 되었고, 그들이 루디아와 함께 빌립보 교회를 세우는 기적이 일어났습니다(행 16장).

사도행전을 보면, 성령께서 사역해나가시는 데 기도하는 사람들을 사용하시는 것이 뚜렷합니다. 성경 전체를 보아도 하나님은 기도의 사람들을 사용하십니다. 하나님은 일을 잘하는 사람을 사용하시기보다 하나님과의 관계를 잘하는 사람을 사용하셔서 일하십니다. 하나님을 가까이하는 사람을 쓰시는 것입니다. 하나님의 일은 하나님을 신뢰하는 사람을 통해 이루어집니다.

예수님 당시에 제자들이 "어떻게 하여야 하나님의 일을 하겠습니까?"라고 물었습니다. 예수님은 하나님께서 보내신 이, 즉 예수님을 믿는 것이 하나님의 일을 하는 것이라고 말씀하셨습니다(요 6:28-29).

일보다 하나님의 관계를 우선하는 기도

기도는 하나님을 믿는 일입니다. 하나님의 일하심을 믿는 것입니다. 하나님을 믿기 때문에 기도하는 것이고, 기도하면 믿음이 커지고 강해집니다. 일은 하나님께서 하십니다.

사도행전의 기도에서 배우는 진리 한 가지는, 그들의 기도가 부흥을 위한 기도였다기보다 하나님과의 관계를 먼저 추구하는 기도였다는 점입니다. 사역을 잘하기 위한 기도가 아니라 하나님의 임재와 교제를 추구하는 기도였습니다.

사도들은 기도하러 가다가 복음을 전하는 기회를 얻었습니다. 하나님과의 관계를 하나님의 일보다 중요하게 여긴 것입니다. 그들은 깊은 감옥에서도 감옥에서 벗어나게 해달라고 기도하기보다, 하나님께 감사하고 찬양하는 기도에 초점을 맞추었습니다. 선교사를 파송할 때도 하나님의 뜻을 묻는 기도를 했고, 선교사가 하나님께 순종할 수 있기를 구하는 기도를 했습니다.

그들이 기도를 통해 추구했던 것은 사역의 외적 성장보다 하나님과의 친밀함과 하나님 뜻에 대한 순종이었습니다. 초대교회의 하나님의 사람들은 하나님을 추구하다가 풍성한 사역의 열매를 얻은 것이 분명합니다.

미국의 1차 대각성 운동의 중심인물인 조나단 에드워즈도 기도를 통한 가장 큰 유익이 하나님의 임재라고 말했습니다.

기도하는 사람이 바라고 구하는 큰 유익은 다름 아닌 하나님 자신이라는 점이다. 다시 말해 기도하는 사람이 추구하는 축복은 바로 하나님의 은혜로우신 임재이며, 복되신 하나님의 현현이다. 그리고 하나님과의 연합과 친밀한 교제이다. 요컨대, 그분의 성령을 통하여 하나님께서 자신을 드러내시고 전달해주시는 것이다.[57]

하나님과 올바른 관계를 추구할 때 하나님께서 우리를 통해 열매를 맺으십니다(요 15:5). 영광을 받으십니다(요 15:8). 우리가 하나님과 친밀한 관계에 있을 때, 성령께서 개입하셔서 우리를 충만하게 하십니다. 그리고 우리가 감당해야 할 일을 탁월하게, 잘 감당하게 하십니다. 성령을 통해 깨닫게 하시고 생각나게 하시며, 성령을 통해 능력을 부어주시고, 사람을 붙여주시고, 성령을 통해 환경을 움직이십니다.

초대교회 시대와 지금은 시간으로 2천 년의 거리가 있습니다. 시대적, 문화적 차이가 엄청나게 큽니다. 그런데도 성경의 진리는 변함이 없습니다. 그 진리 중의 하나는, 기도가 하나님의 사역을 효과적으로 만들어준다는 점입니다.

나의 기도를 통한 사역의 간증을 몇 가지 하고자 합니다.

---

57 조나단 에드워즈, 기도합주회, 부흥과개혁사, 2004, p. 43.

사역의 열매 이전에
신앙의 기본을 다지게 하시다

복음을 깨닫고 예수님을 믿은 지 얼마 되지 않아 나는 복음의
사역에 자신을 드리고자 하는 열망을 갖게 되었습니다. 한편
으로는 제자훈련을 받으며, 한편으로는 제자 삼는 사역을 했
습니다. 매일 캠퍼스에서 학생들에게 복음을 전했고, 그중에
영접한 학생들을 대상으로 말씀을 가르치고 훈련했습니다.
5-6년간의 캠퍼스 사역 기간에 열심히 기도하고 사역했지만,
모이는 학생들의 숫자는 여전했습니다.

매년 학기 초가 되면 20-30명을 전도해서 모은 다음에 사
역을 시작합니다. 그러다 중간에 다 떠나고, 처음과 똑같이 5
명 정도의 학생만 남습니다. 이런 사역을 매년 반복했습니다.
매일 아침 3시간 이상 기도했고, 매일 저녁 시간을 투자하여
사역했지만, 변화가 없었습니다.

물론 당시 캠퍼스의 환경은 매우 혹독했습니다. 남은 5명의
학생은 사역에 헌신하느라 모두 학사 경고를 받아야 했습니
다. 나 하나만 학사 경고 없이 좋은 연구 결과로 학위를 얻었
습니다. 연구의 성취는 탁월했지만, 사역은 외형적으로 성장
하지 못했습니다.

하나님의 약속의 성취는 나의 사역보다 직업의 영역에서 경험하게 하셨습니다. 기도하고, 말씀을 배우고 섭취하고, 전도하고, 일대일 양육을 하고, 교제하고, 모임에 가고, 지도자에게 순종하기 등을 쳇바퀴 돌 듯 반복하고 또 반복했습니다.

우리들의 기도의 삶에 영향을 받은 당시 직장인 팀들은 오히려 사역이 빨리 성장하였습니다. 그러나 캠퍼스 사역의 열매는 적었습니다. 당시는 다른 도시와 다른 캠퍼스의 네비게이토선교회 사역이 매우 번창하던 시기였습니다. 그들보다 훨씬 기도를 많이 하던 나와 우리 팀이었지만, 사역의 번성은 경험하지 못했습니다. 그러나 이 기간의 기도는 사역의 기본을 잘 다지는 역할을 했습니다.

지금 뒤돌아보면, 당시는 사역의 열매보다 신앙의 기본을 다지는 것이 하나님의 뜻이었음을 알 수 있습니다. 기도, 말씀, 교제, 전도, 순종, 주재권, 비전, 제자 삼기 등의 거룩한 습관을 기르는 기간이었습니다. 수십 년이 지난 지금도, 내가 그때 배우고 몸에 익힌 원리들을 바탕으로 사역하고 있는 것을 봅니다. 당시의 기도는 나에게 인내하게 하며, 기본을 다지는 역할을 했습니다.

'확신'의 중요성을 배우다

사역의 두 번째 간증은 선교지에서의 경험입니다. 아내와 나는 선교지로 나가기 전에 결혼하게 되었습니다. 나는 박사학위 졸업 후 부산 네비게이토 출신인 자매와 결혼했습니다. 아내는 부산 네비게이토에서 팀 대표로서 매우 활발하게 사역하던 자매였습니다. 결혼 직전, 부산 네비게이토의 팀 대항 율동 및 찬양경연대회에 20여 개의 팀이 출전했고, 각 팀은 20-30명씩이었는데, 아내의 팀이 우승했던 기억이 있습니다. 아내가 이끌던 팀은 아주 역동적으로 사역했습니다. 나는 상대적으로 사역에 주눅이 들어 있었습니다. 성공해본 적이 없었기 때문입니다.

아내는 3교대 간호사를 하며 아파트에서 자매들과 함께 생활했고, 새벽 3시 30분에 일어나 매일 함께 기도하는 삶을 살았습니다. 아내에게는 '기도하면 사역은 일어난다'라는 확신이 있었습니다.

우리는 결혼하여 C국으로 선교하러 갔습니다. 아내는 선교지에 도착하던 첫날, 우리를 맞아주던 자매를 데리고 그 주에 당장 제자 사역을 시작하는 열정을 갖고 있었습니다. 나는 육체적으로, 정신적으로 힘이 약했던 시절이었습니다. 선교지에 적응해야 했고, 교수 일을 해야 했고, 사역도 해야 했습니다. 또한 가정을 세워가야 했습니다. 그러나 모든 분야에서 미약했습니다. 한 가지 한 일이 있다면, 여전히 새벽에 일찍 일어나 동일하게 기도한 것입니다. 나는 아내와 함께 기도하기도 했습니다. 얼마 후 아내는 임신했고, 출산과 육아로 인해 새벽에 기도를 계속하기는 어려워졌습니다.

내가 오로지 붙들 수 있는 것은 예나 지금이나 기도밖에 없었습니다. 모든 면에 자신이 없었기 때문입니다. 하지만 하나님께서 열매들을 빨리 주셨습니다. 아내와 나는 각각 5명 정도의 형제자매 그룹을 얻었습니다. 복음을 전하여 성경을 연구하는 그룹을 형성할 수 있었습니다. 아내는 사역에 거침이 없었습니다. 나는 여전히 자신이 없었습니다. 다만 예전과 달라진 것은, 아내와 많은 대화를 하면서 사역을 해나갔다는 점입니다. 또한 아내의 적극적인 지원과 코치도 있었습니다.

당시 아내를 통해 배운 중요한 교훈은 '확신'이었습니다. 아내는 내가 학생들을 영적으로 훈련하는 것을 지켜보더니, 이런 조언을 한마디 해주었습니다. "그렇게 확신 없이 가르치면 아무도 이끌 수 없다"라는 것이었습니다. 내가 전하는 복음과 말씀이 확실한 것임을 스스로 확신하고, 그것을 확신 있게 전해야 한다고 말해주었습니다. 이때부터 나는 확신을 배우고 익혀갔습니다.

당시에 깨달은 것은, 캠퍼스에서 나의 사역은 일방적으로 리더의 지시에 따른 것이었을 뿐, 나의 확신을 따라 한 것이 아니었다는 점이었습니다. 그때까지 리더의 확신에 따라 사역한 것이라면, 이제부터는 나의 확신에 따라 사역하는 모드로 변화해야 한다는 점을 깨달았습니다. 그러자 사역이 확실히 달라지기 시작했습니다.

1년 반을 선교지의 변방에서 사역하다가 수도로 옮겼습니다. 이때 아내가 돕던 동포 두 자매는 모든 것을 포기하고 우리와 같이 수도로 옮겨왔습니다. 그곳에서 3년 동안 다른 민족에게 복음을 전하고 가르쳤습니다. 이때에도 자매들의 사역은 훨씬 힘 있게 일어났습니다. 형제들의 사역은 그보다는 못했지만, 좀 더 견고하게 진행되었습니다.

나는 그때도 아침마다 두 시간 이상 기도하기를 게을리하지 않았습니다. 하지만 일은 여전히 익숙하지 못했고, 자신감은 부족했습니다. 박사 과정의 엘리트 학생들을 만나 사역하게 되었는데, 그들과 시간을 보내고 나면 기력이 거의 소진되었습니다. 나는 사람을 다루는 데 여전히 미숙했습니다. 사람들과 씨름하는 것이 매우 힘들었습니다. 그러나 당시 우리들의 사역의 열매는 아주 풍성했습니다. 아내는 함께 도시로 따라온 두 자매를 통해 자매 사역을 효과적으로 하고 있었고, 자녀들을 양육하는 한편으로 남편의 사역도 열심히 도왔습니다.

그러던 중 사역에 위기가 찾아왔습니다. 우리를 따라 수도로 온 자매 중 하나인 H가 경제적 도움을 요청했습니다. 그 자매의 동생이 지방 도시에서 대학을 졸업하게 되었는데, 그 도시에 남고자 했습니다. 당시는 일반적으로 졸업하면 시골의 고향으로 돌아가야 했던 때였습니다. 그런데 교육 담당자에게 뇌물을 주면 도시에 남을 기회가 주어진다는 것을 알게 되었습니다. 그래서 우리와 함께 있는 언니에게, 한국인들에게 돈을 받아달라고 부탁한 것입니다.

H는 우리에게 도움을 요청했습니다. 하지만 우리는 함께 기도한 후, 도와주지 않기로 결정했습니다. 그 요청을 들어주는 것은 우리가 그동안 가르친 원칙과 다르고, 그 나라의 미래에도 도움이 되지 않으며, 특히 우리와 함께 하는 H의 성장에 도움이 되지 않는다고 판단했기 때문입니다. 우리는 큰 돈이 아니었지만 거절했습니다. 성경적으로 잘 설명해주었지만, 마음은 어려웠습니다. 얼마 후 H가 한번 더 도움을 요청했고, 우리는 다시 거절했습니다. H가 우리를 떠날 수도 있는 상황이 되었습니다. 우리는 계속 간절히 기도했습니다. H가 진리를 깨닫고 믿음을 배우는 기회가 되게 해달라고 기도했습니다.

하나님께서 개입하셨습니다. H의 동생은 우리의 도움을 얻을 수 없음을 알고 직접 교육담당관을 찾아갔습니다. 반나절을 요청했지만 거절당했습니다. 오후에 담당관의 상관이 들어왔는데, 자매의 동생이 아는 사람이었습니다. 동생이 과외 아르바이트를 했던 학생의 아버지였던 것입니다. 그 상관은 그 동생이 도시에 남을 수 있도록 즉시 조치를 해주었습니다. 게다가 얼마 지나지 않아 자매의 부모 앞으로, 자매가 우리에게 요청했던 돈의 10배에 해당하는 돈이 러시아에서 왔습니다. 자매의 삼촌이 러시아에 일을 하러 가면서 아들을 그 집에 맡겼는데, 수년 동안 소식이 없다가, 그 사이 돈을 벌어 양육비를 보낸 것입니다. 이 일로 인해 H 자매의 온 가족이 예수님을 믿게 되었습니다. 그리고 H는 믿음을 배우게 되었습니다. 수도의 명문대학원에 합격하게 되었고, 본토인들을 위해 헌신적으로 사역하게 되었습니다. 그 자매를 중심으로 자매 사역이 융성히 일어났습니다. 지금도 그 열매들이 보존되고 확장되고 있음을 보고 있습니다.

중요한 순간에 기도는 믿음의 결정을 하도록 해주었습니다. 특히, 선교 사역을 하는 동안의 기도는 사역의 열매를 효과적으로 맺는 역할을 했습니다.

목회 사역에서 맺은 사역의 열매

사역의 열매에 대한 세 번째 간증은 미국에 와서 목회하던 초기의 일입니다. 5년간의 선교를 마치고, 한국에서 3년간 연구원으로 직장생활을 하던 나는 진로를 바꾸었습니다. 선교학을 공부하기 위해 40대 초반인 2003년 초에 미국 LA로 이주했습니다. 1년간의 적응기간을 거쳐, 2004년 초에 강준민 목사님을 만나게 되었고, 미주 한인 교회 중에서도 대형교회 중 하나인 동양선교교회에서 목회 사역을 시작했습니다. 당시에는 파트타임 청년부 담당 전도사로 사역했습니다. 청년부 담당 목사님은 예배를 담당했고, 나는 교육을 담당했습니다.

당시 청년부는 70-80명 규모였고, 크게 부흥하던 장년부에 비해 다소 미약한 편이었습니다. 그렇지만 내게 70-80명은 매우 큰 규모였습니다. 나는 그때까지 15년간 선교단체에서 늘 소그룹 사역만 담당해왔습니다. 많아야 20여 명 정도가 사역의 최대였습니다. 그러니 그 많은 청년들을 대상으로 어떻게 사역해야 할지에 대해 많이 고민하며 기도했습니다.

물론, 여전히 내 사역의 우선순위는 기도였습니다. 교회에서도 새벽에 무릎을 꿇고 1시간 이상 기도하는 것을 최우선의 사역으로 여기고 실천했습니다. 기도하는 가운데, 그동안 소그룹 사역에서 갈고 닦은 기술을 좀 더 큰 범위로 확장하는 방법을 생각해냈습니다.

청년부 안에 이미 간사와 소그룹성경공부 리더들이 있음을 알게 되었습니다. 하지만 그들은 인도자가 없어서 매우 미약한 상태에 있었습니다. 그중 몇몇 간사들은 캠퍼스 선교단체에서 아주 잘 훈련된 일꾼들이었습니다. 그 간사들에게 제자훈련의 개념을 재교육하는 한편, 6개월간의 제자훈련 프로그램을 시작하여 소그룹 리더들을 세웠습니다. 이들은 영적으로 금방 살아나기 시작했습니다. 마침 교회가 전체적으로 성장하는 것과 발맞추어 청년부도 늘어나기 시작했습니다. 훈련된 소그룹 리더들은 새로 들어오는 청년들을 맞이하여 아주 효과적으로 성경공부를 감당했습니다. 성경공부 소그룹과 여러 가지 사역들이 어우러지면서, 청년부 사역이 성장했습니다.

담임목사님의 영감 있는 설교와 청년부 담당 목사님의 감성적인 예배 인도, 그리고 내가 이끄는 교육이 함께 조화를 이루면서 청년부는 3년 만에 약 700명에 이르는 큰 규모로 성장했습니다. 정말 신나는 사역의 경험이었습니다. 선교단체에서 경험한 제자훈련이 큰 규모의 사역에 아주 효과적으로 적용되는 것을 체험했습니다. 담임목사님과 청년부 담당목사님의 지지 아래, 간사들과 소그룹 인도자들과 사역 팀장들과 함께 아름다운 팀워크를 이룬 결과였습니다. 이 과정에서 나는 목사 안수를 받게 되었고, 교회에서 전임 목사가 되었습니다.

당시에는 청년부의 교육뿐 아니라 선교 사역도 아주 활발하게 일어났습니다. 제자훈련을 받은 형제 중에서 이스라엘 선교사로 헌신하는 열매도 있었습니다.

내가 당시 사역에서 가장 중점을 두었던 것은 새벽예배였습니다. 내가 먼저 새벽예배와 기도의 본을 보이고, 청년들을 새벽예배와 새벽기도로 인도했습니다. 많은 청년이 새벽에 나와 기도하는 모습은 참으로 아름다운 광경이었습니다.

모든 사역에서 하나님과의 관계를 우선할 때, 규모의 크고 작음을 불문하고 사역이 활성화되는 것을 경험했습니다. 나의 기도가 부흥을 주도한 것은 아니지만, 부흥의 물결을 타고 한 부서의 부흥에 효과적으로 쓰임 받도록 동력을 제공했다고 말할 수는 있습니다.

셀 목장, 장년사역에서 얻은 열매

네 번째 사역의 간증은 장년 사역에서 일어난 것입니다. 청년부 사역을 경험한 후, 나는 행정 목사로서의 직무를 감당하게 되었습니다. 그런데 하필, 당시의 교회는 분쟁에 들어갔고, 3년간 극심한 소용돌이에 빠지게 되었습니다. 나는 분쟁 속에 있는 것은 옳지 않다고 생각하여 먼저 교회를 사임하고, 몇몇 성도들과 함께 작은 규모의 교회를 개척했습니다. 담임목사님께 함께 나가서 개척하자고 제안을 드렸지만, 때가 아니라고 하셔서 먼저 개척했습니다.

3개월 후, 담임목사님은 소송에 패해 어려운 상황에 부딪히게 되었습니다. 나는 내가 담임을 하는 것이 궁극적인 목적이 아니었기 때문에, 강 목사님을 찾아가 "목사님이 나오시면 함께 하겠다"라고 말씀을 드렸고, 강 목사님은 동의하셨습니다. 마침 빌려 놓은 예배당이 많은 인원을 수용할 수 있을 만큼 컸습니다. 2009년 11월, 새로운 교회가 탄생하게 되었습니다. 기존 교회에 있던 목회자들이 합류하였고, 1,500여명의 성도가 동참하였습니다. 나는 다시 행정을 맡게 되었고, 선교와 교육도 맡게 되었습니다.

이때부터 본격적으로 장년을 상대로 하는 사역을 경험하게 되었습니다. 개척한 후 어느 해 연말에, 다음 해의 사역을 위한 목회자 모임이 있었습니다. 거기에서 몇몇 목회자들이 "지금 교회는 셀 목장 사역에 집중해야 하는데, 만약 내가 그 사역을 맡으면 강 목사님께서 적극적으로 지지할 것이니 그렇게 하는 것이 어떠냐"라고 제안했습니다. 나는 그것을 좋게 여겼습니다. 담임목사님께 그 이야기를 전했습니다.

담임목사님은 "셀 목장 사역은 일이 많아서, 그 사역을 하려면 행정 사역을 내려놓고 셀 사역만 하든지, 아니면 그대로 행정만 하든지 해야 한다"라고 하셨습니다. 나는 행정을 내려놓고 셀 목장 사역을 선택하겠다고 말씀드렸습니다. 그것이 나의 부르심에 합당한 사역이라고 생각했습니다. 왜냐하면, 나는 사람들과 관계를 맺는 일에 매우 서툴다는 것을 인정하게 되었기 때문입니다. 목장 사역만 하기에도 버겁게 느낀 것입니다. 결국 나는 셀 목장 사역만 담당하게 되었고, 행정과 수석 부목사의 자리를 다른 목회자에게 넘겨주었습니다.

그러나 하나님은 당시에 나를 더 큰 어려움으로 시험하고 단련하셨습니다. 십대 아들이 방황을 하기 시작했던 것입니다. 반항과 탈선이 심해지고 우울증과 공황장애에 빠지는 아들을 바라보아야 했습니다. 고등학교와 대학교 공부를 중단하는 일이 수없이 반복되었습니다. 매일 전쟁 같은 상황을 치러야 했습니다. 아들을 이해하기 위해 청소년 전문가에게 상담을 받기도 했습니다. 교회 사역의 갈등보다 아들과의 갈등은 훨씬 큰 부담이 되었습니다. 나와 아내는 매일 극도의 스트레스 상태에 놓였습니다. 매순간 숨 막히는 기도를 계속 드리지 않을 수 없었습니다. 하나님께서 나와 아내를 불시험의 풀무로 다루고 계셨습니다.

시간이 지나면서 하나님께서 여러 상황을 신실하게 회복시켜 가셨습니다. 아들은 오랜 방황의 터널을 지나 회복되기 시작했습니다. 이렇게 되기까지 5-6년의 세월이 걸렸습니다. 그 사이에 하나님께서 나를 낮추셔서, 사람들을 이해하고 받아들이는 용량을 더 크게 해주셨습니다. 불과 물을 통과한 후에 풍부한 곳으로 인도하셨습니다.

> 11우리를 끌어 그물에 걸리게 하시며 어려운 짐을 우리 허리에 매어 두셨으며 12사람들이 우리 머리를 타고 가게 하셨나이다 우리가 불과 물을 통과하였더니 주께서 우리를 끌어내사 풍부한 곳에 들이셨나이다 _시 66:11-12

어느 날 뒤돌아보니, 여러 가지의 갈등을 겪는 동안 하나님께서 나를 사용하여 많은 사역들을 진행하셨음을 알 수 있었습니다. 셀 목장 사역을 맡은 이후, 셀 사역 담당 장로님들과 스태프들이 연합하여 적극적으로 협력함으로써 셀 사역이 매우 활발하게 진행되었습니다. 내가 경험하지 못했던 대규모의 셀 사역 수양회를 치르게 되었습니다. 관계 전도 초청 모임을 새롭게 구상하여 실행하게 되었고, 그 모임은 지금까지 10여 년 동안 계속되고 있습니다. 처음으로 장년들만으로 해외 단기 선교팀을 조직하여 다녀오기도 했습니다.

교회는 '뉴호프채플'이라는 교회와 합병하고, 땅을 사들여 건축에 들어갔습니다. 합병 과정에서 새로 들어온 가족을 교육하기 위해 제자훈련과정이 필요했습니다. 당시 장년 교육을 새로 담당하게 된 목사님이 제자훈련과정을 만들자고 제안했습니다. 내가 초안을 만들고 목회자들이 함께 검토하는 형식이었습니다. 그 교재를 가지고 각 목회자가 반을 만들어 제자 양육을 하게 되었습니다. 반응이 매우 좋았습니다. 새가족들이 정착하는 데 큰 역할을 하게 되었습니다. 일반적으로는 담임목사님의 설교나 책으로 교재를 만드는 것에 비해, 우리 교회는 부목사의 자원이 동원된 것입니다. 담임목사님의 적극적인 지지가 있었기에 가능했던 일입니다.

제자양육과정의 제작이 끝난 후, 필요 때문에 '비전 스쿨'이라는 새로운 일꾼과정을 또 만들게 되었습니다. 이 과정은 지금까지 9년 정도 장기적으로 계속되고 발전하고 있습니다. 이 일들을 목회자들과 함께하면서 아주 좋은 팀워크가 형성되었습니다.

이 기간에 하나님께서 내게 주신 또 다른 은혜는 두 권의 책을 출간하게 하신 일입니다. 나의 우울증이 신앙 안에서 어떻게 극복되었는가를 보여주는 《전능자의 기운이 나를 살리시고》라는 제목의 책과, 아들과의 갈등을 극복하는 과정을 그린 《아버지가 변하면 아들이 변한다》라는 제목의 책입니다. 이 두 책 모두 성도님들로부터 큰 사랑을 받았습니다.

많은 사역의 열매들이 고난 속에서 숨 막히는 기도를 드리는 동안에 이루어졌음을 알게 됩니다. 아내는 그 사이에 시집(詩集)을 여러 권 출간했습니다. 그중에 〈고난의 창조〉라는 시는 이 기간에 지은 시로서, 우리 가족이 겪은 고난을 잘 묘사한 것입니다.

고난의 창조[58]

하얀 백지 위에
연필심이 지나감으로
형태가 나타나고
작품이 창조되듯이,

---

58 오영례, 더 깊은 사랑으로, 쿰란 출판사, p. 140.

하나님께서는
우리의 인생에
어둠을 그어 가심으로
우리를 드러내시나니,

우리에게 주어진 빛 위에
하나님께서 심혈을 기울여
어둠을 창조해 가심으로
우리를 아름답게 그려가시네.

형통은
하나님께서
우리를 위해
미리 준비해 놓은 것이나,

고통과 아픔은
특별한 목적에 맞게
그 손길 하나하나마다
창조의 수고가 있어야 하나니

모든 고난은

우리를 향한 하나님의

섬세한 관심이요,

헌신적인 사랑이네.

이 시는 이사야서 45장 7절을 가지고 지은 것입니다. 이사
야는 이 말씀에서 빛은 하나님께서 '지으시고'(form), 평안, 즉
형통을 '가져오신다'(bring)라고 말합니다. 반면에, 어두움과
고난은 하나님의 섬세한 손길로 '창조하신다'(create)라고 말
합니다. 아내는 고난과 아픔은 마치 백지 위에 검은 연필심으
로 그려낸 하나님의 손길과 같으며, 그 때문에 작품이 만들어
진다고 노래했습니다. 이 시는 우리 부부가 그 고난의 기간을
생각하면서, 늘 마음에 새기는 시입니다.

꾸준한 기도가
사역을 감당하게 해주었다

그동안의 사역을 통해 내가 배운 것은, 하나님께서 사역을 이
끄시고 인도하신다는 것입니다. 하나님께서 나를 어떤 사역

의 환경으로 부르시고, 직분을 주시고 은사를 사용하셔서, 어떤 특정한 사역을 특정한 기간에 하게 하십니다. 특별히 하나님께서 개인에게 주신 약속과 사명을 따라 인도하신다는 것을 배웠습니다.

이제 나의 할 일은 첫째로 믿음입니다. 하나님께서 약속이 성취되는 방향으로 인도하신다는 것을 믿는 것입니다(사 45:2,3). 그것은 아름다운 분깃과 기업을 주심을 믿는 것입니다(시 16:5,6). 둘째로 할 일은 주님과 동행함으로 붙어 있는 것입니다(요 15:5). 그럴 때 많은 열매를 맺게 되고, 하나님께 영광을 돌리게 됩니다(요 15:8). 여기에서 기도의 역할이 중요합니다. 우리가 꾸준히 기도하면 하나님의 약속을 깨닫게 되고, 하나님의 일하심을 깨닫게 되고, 또한 내가 해야 할 부분을 깨닫게 됩니다. 또한 약속을 기억하고 묵상하면 계속 기도하게 된다는 것도 깨닫게 됩니다. 기도와 약속은 서로 밀접하게 연결되어 있음을 사역을 통해 알게 되었습니다.

E. M. 바운즈는 기도와 약속의 관계에 대해 이렇게 말했습니다.

기도와 약속은 상호의존적이다. 약속은 기도를 불러일으키고 기도에 활력을 주며, 기도는 약속을 찾아내며 약속이 실현되도록 하고,

3부 | 영광스러운 열매

약속이 제자리를 찾도록 한다. 약속은 흠뻑 쏟아지는 복된 비와 같다.[59]

꾸준한 기도는 하나님으로부터 능력을 얻어 열심히 사역을 감당하게 합니다. 성령의 능력으로 내가 해야 할 일을 감당하게 됩니다(대하 16:9, 골 1:29, 슥 4:6).

만군의 여호와께서 말씀하시되 이는 힘으로 되지 아니하며 능력으로 되지 아니하고 오직 나의 영으로 되느니라 _슥 4:6

나의 경우, 꾸준한 기도가 사역을 크게 번성케 하여 부흥을 주도하는 일을 만들지는 않았습니다. 꾸준한 기도는 교회공동체에서 목회자의 일원으로서 팀 사역을 하게 했습니다. 공동체의 사역에서 나의 역할을 감당하게 했습니다. 담임 목회자를 돕게 했습니다. 그 안에서 나의 은사가 발휘되어 섬기게 했습니다. 하나님께서 나에게 주신 약속을 따라 순종함으로 일하도록 인도하신 것입니다. 그 약속이 공동체 안에서 성취되는 방향으로 인도하셨습니다. 사역을 통해 사람을 많이 얻게

---

59 이 엠 바운즈, 이 엠 바운즈 기도전집, 크리스찬다이제스트, p. 311.

하셨고, 그 가운데 몇몇 사람에게는 깊은 영향을 미치게 했습니다.

나는 그동안의 개인적인 기도와 사역의 경험을 통해 다음과 같은 것을 배웠습니다.

"기도는 사역 속에 하나님께서 개입하도록 한다."

"기도는 기도하는 사람이 독특한 역할로서 하나님 나라 사역에 이바지하게 한다."

기도는 즐거움의 열매도 맺게 해준다

웃음은 마음의 즐거움의 표현입니다. 마음의 즐거움은 하나님께서 주신 축복입니다. 성령의 열매에서 희락은 사랑 다음에 옵니다. 성령님은 희락의 영이십니다. 기쁨과 즐거움이 가득하십니다.

하나님께서 주신 생명의 특징 중 하나가 기쁨입니다. 하나님은 예수님께 즐거움의 기름을 부으셨습니다(시 45:7). 말씀이 풍성한 곳에 항상 기쁨이 충만합니다. 예수님께서 함께 하시는 곳에는 항상 즐거움이 있고, 웃음이 있습니다.

13마음의 즐거움은 얼굴을 빛나게 하여도 마음의 근심은 심령을 상하게 하느니라 … ¹⁵고난 받는 자는 그 날이 다 험악하나 마음이 즐거운 자는 항상 잔치하느니라 _잠 15:13,15

웃음에는 유머가 늘 따라다닙니다. 신학자 스탠리 하우어워스는 친구의 어린 아들에게 매년 보낸 편지에서, 유머와 기쁨은 서로 긴밀하게 연관되어 있다고 말합니다.

유머와 기쁨 사이에는 분명히 연관 관계가 있어. 만약 기쁨이 덕스러운 삶의 본질적 부분이라면, 덕스러운 사람에게 유머가 모자랄 수 있음을 믿기 어렵겠지. 유머가 있으려면 자신을 대단한 존재로 여기지 않아야 하니까 말이야. 달리 표현하면 덕스러운 사람은 자신의 삶이 선물로 주어졌고, 혼자서 이룰 수 있는 것보다 우리를 더 큰 존재로 만들어주는 여러 선을 통해 그 선물이 가능하다는 사실을 아는 거란다.⁶⁰

---

60 스탠리 하우어워스, 덕과 성품, IVP, p. 139.

3부 | 영광스러운 열매

주님 안에서
거룩한 유머를 사모하다

주님 안에서 웃는 웃음은 거룩한 유머가 동반됩니다. 세상 사람들의 웃음에도 유머가 있습니다. 그러나 그 유머는 저속하기가 쉽습니다. 하나님께서 주신 웃음 안에는 고상한 유머가 있습니다. 고상한 유머를 즐기는 것은 우리가 하나님의 형상으로 지음 받은 증거가 됩니다.

> 결국 웃음도 하나님이 창조하신 것이다. 그분의 메시지를 전달하는 데 도움이 되라고 그분이 창조하신 유머를 왜 우리는 그분과 함께 즐길 수 없는가? 웃는 동물이 인간밖에 없다는 사실에는 깊은 의미가 있다. 이런 의미에서 웃음은 우리가 하나님의 형상대로 지음 받은 존재임을 영광스럽게 보여준다.[61]

하나님과 동행하며 하나님의 형상으로 회복되어감에 따라, 심각하고 진지하기만 했던 마음속에 점차 즐거움이 깃들기 시작합니다. 그 기쁨과 즐거움은 계속 자라갑니다. 마음의 여유

---

61 게리 토마스, 쾌락, CUP, p. 315.

가 생기면서 웃음과 유머가 회복됩니다. 아담과 하와가 에덴 동산에서는 많이 웃었을 것이 틀림없습니다. 그리고 유머도 많이 했으리라는 것이 쉽게 상상이 됩니다.

우리는 인간성이 회복될 때 유머도 함께 회복된다고 말할 수 있습 니다. G. K. 체스터튼은 "떠들썩한 춤판을 벌이는 관습이 없는 문명 은 결함이 있는 문명"이라고 말하면서 "유머가 없는 인간은 미완성 이다"라고 말했습니다.[62]

유머를 위해 7년 넘게 기도하다

나는 웃음이 없는 사람이었습니다. 대학교를 다니던 어느 날, 하늘을 바라보며 이렇게 질문한 적이 있었습니다.

"나는 지금까지 20여 년을 살아오면서 웃어본 적이 있는 가?"

당시 내 기억에는 웃어본 기억이 없습니다. 예수님을 믿고 도 심각한 마음은 쉽게 변하지 않았습니다. 늘 긴장 속에 살아

---

[62] 게리 토마스, 같은 책, p. 311.

야 했습니다. 학업의 부담과 영적인 훈련 가운데 살았습니다. 매일 기도 생활을 하지만, 마음의 여유를 찾기가 좀처럼 쉽지 않았습니다. 나는 웃어보고 싶었습니다. 유머도 하고 싶었습니다. 하나의 기도제목을 노트에 적고 매일 기도했습니다.

"유머를 할 줄 아는 사람이 되게 해주세요."

그 기도를 시작한 지 7-8년쯤 지났을 때, 제 나이가 40살쯤 되었고, S회사에서 연구원으로 일하고 있었습니다. 1년 동안 연구한 것을 책임자인 상무님 앞에서 발표하고 평가를 받는 날이었습니다. 그 발표는 인사고과와 직접적인 연관이 있어서 매우 심각하고 진지한 시간이었습니다.

발표하기 며칠 전부터 유머를 하고 싶은 열망이 내 마음을 두드렸습니다. 나는 기도하면서 시나리오를 만들었습니다. 당시 나의 발표는 통계를 사용하는 것이어서, 간단한 통계와 더불어 유머를 만들었습니다. 발표하기 전에 열심히 연습했습니다. 그리고 발표하는 당일에, 심각한 분위기를 뚫고 발표하기 전에 한 가지 질문을 했습니다.

"우리 나라 성씨 중 어느 성씨가 가장 똑똑할까요?"

나는 이에 대해 통계를 가지고 발표하겠다고 말했습니다. 각 성씨의 가문에서, 조선 왕조 시절의 과거에 급제한 수를 각 성씨의 한 해 인구수로 나누어 알아보았습니다. 조선은 이씨

왕조이기 때문에, 과거에 급제한 사람 중에 이 씨가 당연히 많을 것으로 생각하여 이 씨는 빼기로 했습니다. 통계를 내보니 공교롭게도 상무님의 성인 정 씨와 나의 성인 오 씨가 가장 높게 나왔습니다. 여기에 흥미가 더해졌습니다. 다음은 "두 성씨 중 어느 성씨에서 세계적인 인물이 더 많이 나왔느냐?"로 정하자고 제안했습니다.

먼저 정 씨부터 헤아려 보았습니다. 나는 '정명훈, 정경화' 두 사람밖에 생각이 나지 않았습니다. 다음은 오 씨로 넘어갔습니다.

"오 씨 중 누가 세계적인 인물이 있을까요?"

청중이 조용했습니다. 나는 이렇게 답했습니다.

"오드리 헵번, 오 헨리, 오스카 와일드…."

오로 시작하는 해외의 유명인의 이름을 계속 말했습니다. 오드리 헵번을 말하는 순간부터 큰 회의실 안에 있던 수십 명의 연구원이 일제히 웃는데, 천장이 떠나가는 것 같았습니다. 숙연하고 적막이 흐르던 분위기는 완전히 웃음바다가 되었습니다. 이것이 나의 유머가 시작된 날이었습니다. 수년 동안 기도해왔던 유머가 처음 터진 날이었습니다.

그날 이후, 나는 모임에서 발표를 할 때면 항상 유머를 시도했습니다. 물론 성공할 때도 있었고, 성공하지 못할 때도 있었습니다. 하지만 나는 기도하고 또 시도하고, 기도하고 또 시도하는 일을 계속했습니다.

목회자가 된 이후에도, 나는 사회를 볼 때든 설교를 할 때든 항상 유머를 시도했습니다. 한 번은 1,800명이나 되는 큰 회중 앞에서 사회를 보던 중에 유머를 했는데, 그때도 회중이 모두 박장대소를 했습니다. 예배당을 나가던 어떤 분은 "미국에 온 이후로 처음 웃었다"라면서, "고맙다"고 인사하셨습니다.

그럼에도 불구하고, 당시 내 유머의 대부분은 내용이 썰렁한 것이었습니다. 그래서 나를 아는 많은 목회자는 내가 여전히 '유머와는 거리가 먼 사람'이라고 생각했다고 합니다. '과연 유머를 위한 내 기도가 응답이나 될까?' 하고 기대하지도 않았습니다. 그래도 나는 기도하면서 계속 유머를 시도했습니다.

그로부터 15년이 지난 지금, 상황은 많이 달라져 있습니다. 내가 강단에 서서 사회를 보거나 설교하거나 강의할 때, 성도들은 웃을 준비를 합니다. 그다지 웃기지 않은 이야기에도 웃어줍니다. 나도 유머가 많이 쉬워졌습니다.

유머를 놓고 기도하기 시작한 지 이제 20여 년이 되었습니다. 첫 유머가 터질 때까지 7-8년이 걸렸습니다. 하나님께서 그 기도를 들어 주셨습니다. 나는 지금도 매일 유머를 위해서 기도합니다. 그리고 노력합니다. 이제는 동료들이 기도의 효과를 인정합니다. 끊임없는 내 '시도'의 효과를 인정합니다. 기도와 시도와 반복이 기적을 만들었다고 자주 이야기합니다.

기도를 통해
하나님께서 내려주신 좋은 은사

유머에 대해 한 가지 짚고 넘어가야 할 것이 있습니다. 나의 유머가 고통 속에서 자라났다는 점입니다. 나는 오해와 비난을 받고 낮아지는 고통의 시기에도 열심히 유머를 하려고 애를 썼습니다. 모임을 할 때나 설교를 할 때 유머를 위해 기도하고, 유머를 짜냈습니다. 그럴 때마다 어김없이 유머를 얻을 수 있었습니다. 마음이 아픈 가운데에서도 유머는 만들어졌습니다.

내 유머는 기도하면서 수없이 시도하여 많이 진보했습니다. 그러나 지금 돌이켜 생각해보면, 유머의 핵심은 역시 마음의 즐거움입니다. 유머를 위해 기도해서 유머가 나온 것도 있지만, 늘 하나님을 찾는 삶, 즉 기도하는 삶을 통해 나의 심령에 즐거움이 점점 넘치게 된 것이 내 유머의 가장 큰 기본입니다. 희락의 영이 내 안에 차고 넘치게 된 것이 유머의 핵심이라고 말할 수 있습니다. 주님께서 내 마음을 주장하시기 때문에 마음에 여유가 생기고 즐거움이 생겼기 때문입니다.

내 마음이 어두움에 있을 때는 유머를 할 수 없었습니다. 주님 안에서 성숙해가고 빛 가운데로 나아감에 따라 유머가 생겼습니다. 그런 면에서 유머는 온전히 선물이며 성숙의 표지로서의 선물이기도 합니다. 빛들의 아버지께서 내게 주신 선물이며, 또한 기도로 얻은 성령의 선물입니다. 말씀이 내 안에서 어두움을 몰아내고 만들어낸 것입니다. 하나님께서 유머를 구한 나의 기도에 신실하게 응답하셨습니다.

성경은 "온갖 좋은 은사와 온전한 선물이 다 위로부터 빛들의 아버지께로부터 내려오나니"(약 1:13)라고 말씀하고 있습니다. 유머는 하나님께서 내게 주신 좋은 은사였습니다. 이제는 다른 사람들에게 마음의 즐거움을 전달하는 도구가 되었습니다. 하나님께서 주신 생명을 전달하는 섬김이 되었습니다.

기도는 나의 심령을 물 댄 동산 같고, 물이 끊어지지 않는 샘 같게 만드셨습니다(사 58:11). 어거스틴이 말한 소중한 목표를 이루셨습니다.

예외 없이, 모든 사람은 동일한 목표에 이르기 위해 최선을 다한다.

그 목표는 기쁨이다.[63]

하나님의 나라는 기쁨의 나라입니다. 하나님은 기쁨의 하나님이시며, 기쁨을 주시는 하나님이십니다. 내 기도의 여정은 하나님이라는 기쁨의 샘을 발견하는 여정이었습니다.

63 어거스틴, Augustine, Confession of Saint Augustine, book 10, chapter 21. (앤 보스캠프, 감사연습 임재연습, p. 50: 재인용)